Mach es selbst!
Tipps aus dem Werkzeugkasten

Malen, tapezieren,
reparieren, Kabel
und Plättli verlegen:
Praktische Tipps
für Haus und Garten.

© Konsumenteninfo AG, Zürich
Alle Rechte vorbehalten
1. Auflage, Juni 2013

Autor: Andreas Schildknecht
Redaktion und Produktion: Barbara Jud
Layout: Beat Fessler
Korrektorat: Esther Mattille
Titelfoto: gettyimages
Druck: galledia ag, 9230 Flawil

Bestelladresse:
K-Tipp, Ratgeber
Postfach, 8024 Zürich
ratgeber@ktipp.ch
www.ktipp.ch

ISBN: 978-3-906774-58-9

Vorwort

«Hab ich selbst gemacht...»

Ein neuer Fussboden, frische Farbe an den Wänden oder einige kleine Veränderungen in Küche und Bad: Es braucht nicht viel, um das Zuhause moderner und wohnlicher zu gestalten. Mit etwas Ausdauer, dem richtigen Werkzeug und zwei geschickten Händen können Laien solche Arbeiten gut selbst erledigen. Auch kleinere Reparaturen im und ums Haus lassen sich mit wenig Aufwand selbst ausführen. Das spart Geld – und macht erst noch Spass. Vorausgesetzt, man weiss, was zu tun ist.

Ob Laminat verlegen, Parkett abschleifen, Plättli legen oder Wände verschönern: Dieser Ratgeber zeigt, wie man grosse und kleine Projekte richtig anpackt und was man dafür benötigt. Übersichtliche Werkzeug- und Materiallisten sorgen dafür, dass alle Utensilien bereitliegen, wenn es ans Werk geht. Mit leicht nachvollziehbaren Schritt-für-Schritt-Anleitungen können sich auch ungeübte Heimwerker ans Tapezieren, Plättlilegen oder ans Auswechseln eines defekten Lichtschalters wagen. Tipps und Tricks von Profis helfen, auch knifflige Handgriffe sicher zu meistern.

Nebst den gängigsten Renovierungsarbeiten zeigt das Buch auch, wie man perfekte Dübellöcher bohrt, alte Möbel auffrischt, Rost entfernt, Fugen erneuert, Lampen fachgerecht anschliesst, ein Heimnetzwerk einrichtet und kleine Reparaturen ausführt – vom tropfenden Wasserhahn über das beschädigte Lavabo bis zur klemmenden Schublade.

Ein weiteres Kapitel befasst sich mit Projekten rund ums Haus. Hier finden Gartenbesitzer Ideen und Bauanleitungen für eine schmucke Holzterrasse, für Gartenwege und Zäune oder einen Gartenteich.

Man muss nicht alles können – doch es kann nicht schaden, wenn man sich mit Werkzeug und Arbeitstechniken etwas auskennt. Auch erfahrene Profi-Heimwerker haben mit kleinen Projekten angefangen. Packen Sies an – und freuen Sie sich über Ihr erstes gelungenes Werk!

Zürich, Juni 2013
Verlag und Autor

Inhalt

1 Werkzeug

- 8 Werkzeug kaufen: Darauf ist zu achten
- 9 Die wichtigsten Werkzeuge für Heimwerker
- 14 Elektrowerkzeug: Die nützlichsten Maschinen
- 16 Praktische Tipps: Nageln, schrauben, sägen
- 16 Werkzeug aufbewahren und pflegen
- 19 Klebstoffe für dauerhafte Verbindungen
- 20 Heimwerker-Projekte: Gute Planung spart Ärger
- 20 Checkliste: Sicherheit auf der «Kleinbaustelle»

2 Bohren, dübeln, reparieren

- 22 Bohren und dübeln
- 25 Dübellöcher in der Wand schliessen
- 26 Dichtung am Wasserhahn ersetzen
- 26 Schäden am Waschbecken ausbessern
- 27 WC-Spülung reparieren
- 27 Gerissene Silikonfugen erneuern
- 28 Abfluss verstopft: Diese Methoden helfen
- 30 Heizkörper entlüften
- 30 Fenster und Türen abdichten
- 31 Kratzer und Dellen im Parkett entfernen
- 32 So schützen Sie den Parkettboden
- 32 Kratzer an Holzmöbeln ausbessern
- 33 Furnierte Möbel reparieren
- 33 Ausgerissene Beschläge neu befestigen
- 34 Lampen anschliessen
- 34 Lockere Steckdose befestigen
- 35 Alte Lichtschalter ersetzen
- 35 Vorsicht bei Arbeiten mit Strom!
- 36 Halogen-Spots wechseln

3 Renovieren

- 39 Holzmöbel: Kleine Schäden reparieren
- 40 Möbel abbeizen und abschleifen
- 40 Oberfläche: Lasur, Lack, Wachs und Öl
- 42 Holzböden abschleifen und versiegeln
- 44 Plättli verschönern mit Klebefolie und Fliesenlack
- 46 Plättlifugen sanieren
- 46 Fensterläden reinigen und pflegen
- 48 Wände mit Holztäfer verkleiden
- 49 Geländer, Zäune und Rohre entrosten
- 50 Kellerdecke dämmen

4 Böden verlegen
- 52 Bodenbeläge: Materialien im Überblick
- 52 Parkett
- 53 Massivholz-Dielen
- 53 Laminat
- 54 Teppich
- 55 Linoleum, Kork
- 56 Kunststoff
- 56 Anleitung: Boden verlegen mit Klick-System
- 61 Anleitung: Teppich verlegen

5 Plättli legen
- 66 Plättlisorten und ihre Eigenschaften
- 67 Plättli legen – Schritt für Schritt
- 68 Fläche einteilen
- 69 Plättlikleber anrühren und auftragen
- 70 Plättli anbringen
- 71 Plättli brechen und zuschneiden
- 72 Plättli verfugen
- 72 Neue Plättli über alte kleben
- 73 Silikonfugen
- 74 Bodenplatten legen
- 74 Kaputte Plättli ersetzen

6 Sanitär-Arbeiten
- 76 Armaturen ersetzen
- 77 Neues Lavabo einbauen
- 79 Neues Spülbecken für die Küche
- 80 Geschirrspüler und Waschmaschine anschliessen
- 81 Dusch- und Badewanne einbauen

7 Malen und tapezieren
- 84 Raumgestaltung mit Farben
- 85 Farbe kaufen: Gute Qualität zahlt sich aus
- 86 Welche Farbe auf welchen Untergrund?
- 86 Farben für jeden Wohnbereich
- 87 Problematische Inhaltsstoffe in Farben
- 88 Vorarbeiten: Abdecken, Wände vorbereiten
- 89 Der neue Anstrich: Zügig pinseln und rollen
- 90 Maltechniken mit besonderem Effekt
- 92 Tapeten: Dekorative Wandbekleidung
- 94 Anleitung: Wände tapezieren
- 98 Wände verzieren mit Tattoos, Schablonen und Stempel

---

1 Werkzeug
2 Bohren Dübeln Reparieren
3 Renovieren
4 Böden verlegen
5 Plättli legen
6 Sanitär-Arbeiten
7 Malen Tapezieren
8 Licht und Heimelektronik
9 Arbeiten im Garten
10 Adressen Literatur Stichwörter

8 Licht und Heimelektronik

102 Dimmer einbauen
103 Heimelektronik: Für jedes Gerät das richtige Kabel
107 Heimnetzwerk einrichten: Von jedem Raum Zugriff auf die digitale Mediathek

9 Arbeiten im Garten

110 Gartenterrasse aus Holz selber bauen
110 Fundament und Unterbau
112 Belag aus Dielen und Fertigelementen
113 Gartenweg anlegen: So gehen Sie vor
114 Kieswege und Wege mit Pflastersteinen
115 Naturstein- und Betonplatten
115 Anleitung: Wege bauen
117 Anleitung: Gartenzaun errichten
119 Anleitung: Trockenmauer bauen
120 Gartenteich anlegen: So gehen Sie vor

10 Adressen und Stichwörter

124 Adressen im Internet
126 Bücher zum Thema Heimwerken
128 Fachverbände und Beratungsstellen
130 Stichwortverzeichnis

1 Werkzeug

2 Bohren
Dübeln
Reparieren

3 Renovieren

4 Böden
verlegen

5 Plättli
legen

6 Sanitär-
Arbeiten

7 Malen
Tapezieren

8 Licht und
Heim-
elektronik

9 Arbeiten
im Garten

10 Adressen
Literatur
Stichwörter

1 Werkzeug-Grundausstattung
Qualität statt Quantität

Ein Bild soll an die Wand, der Wasserhahn tropft, die Steckdose wackelt: Solche Probleme sind schnell behoben – wenn man das richtige Werkzeug zur Hand hat. Für die Heimwerker-Grundausstattung gilt: Zwei Dutzend hochwertige Werkzeuge sind nützlicher als eine Unmenge an Billigteilen.

Für die häufigsten Arbeiten im Haus reichen rund zwanzig Werkzeuge vollkommen aus. Alles andere lässt sich bei Bedarf immer noch nachkaufen. Es müssen nicht die allerteuersten Profiwerkzeuge sein. Für den normalen Hausgebrauch erfüllen auch gute Produkte der «Mittelklasse» ihren Zweck.

Allerdings: Bevor ein Werkzeug im Einkaufskorb landet, sollte man es sich gut ansehen. Es lohnt sich in der Regel, einige Franken mehr zu investieren, statt blind nach dem billigsten Werkzeug zu greifen. Tests zeigen immer wieder: Sehr günstiges Werkzeug ist oft von schlechter Qualität. Damit wird die Arbeit schnell einmal Murks. Zudem geht minderwertiges Werkzeug nicht nur schneller kaputt, es kann für den Anwender sogar gefährlich sein.

Solides Qualitätswerkzeug erkennt man am Material und an der Verarbeitung. Probieren Sie das Produkt im Geschäft aus. Ein ergonomisch geformter Griff aus Kunststoff liegt gut in der Hand, verhindert das Abrutschen und verbessert die Kraftübertragung. Gelenke müssen sauber verarbeitet und leichtgängig sein. Bei Zangen ist zudem ein Klemmschutz wichtig.

Hochwertige Werkzeuge werden aus gehärtetem Stahl wie zum Beispiel Chrom-Vanadium (Cr-V) oder Hochleistungs-Schnellstahl (HSS) hergestellt. In der Regel findet sich diese Angabe auf der Verpackung. Wenn Sie unsicher sind, fragen Sie im Geschäft nach.

Giftige Stoffe in Griffen von Billig-Werkzeug

Für alle Werkzeuge gilt: Scharfe Kanten und Nähte, spitze Ecken, wacklige Einzelteile oder sichtbare Fehler im Material sind Merkmale schlechter Qualität.

Auch bei Kunststoffgriffen von Billig-Werkzeugen ist Vorsicht ge-

Komplettes Werkzeugset: Einzelteile können von unterschiedlicher Qualität sein

boten. Besonders in schwarzen, weichen Griffen und Kunststoffteilen stecken häufig krebserregende Weichmacher, sogenannte polyzyklische aromatische Kohlenwasserstoffe (PAK). Das haben Stichproben der deutschen Stiftung Warentest gezeigt. Oft machen sich die Schadstoffe durch einen auffälligen, unangenehmen Geruch bemerkbar. Das Problematische daran: Beim Arbeiten können die giftigen Stoffe über die Haut in den Körper gelangen. Im Zweifelsfall gilt: Finger weg oder beim Arbeiten Handschuhe tragen!

Prüfzeichen wie TÜV, DIN oder CE sagen in der Regel wenig bis nichts über die Qualität von Werkzeugen aus. Am GS-Siegel für «geprüfte Sicherheit» lässt sich zumindest ablesen, dass ein Werkzeug den geltenden Normen entspricht und in der Handhabung sicher ist. Um das GS-Siegel zu erhalten, muss der Hersteller das Werkzeug von einer unabhängigen Institution prüfen lassen. Produkte mit dem GS-Zeichen sind in der Regel frei von Schadstoffen.

Praktische Helfer: Die wichtigsten Werkzeuge

Wer sich eine Heimwerker-Grundausstattung zulegen will, hat zwei Möglichkeiten: Man kauft jedes Werkzeug einzeln oder man ersteht gleich ein komplettes Set im Koffer. Wie Tests gezeigt haben, gibt es taugliche Sets für Gelegenheits-Heimwerker ab 60 bis 140 Franken (siehe Kasten Seite 13). Vorteil der Sets: Man bekommt viele Werkzeuge zu einem verhältnismässig günstigen Preis. Nachteil: Die Qualität der Einzelteile kann sehr unterschiedlich sein. Zudem sind im Set oft auch Werkzeuge enthalten, die man selten bis gar nicht benötigt.

Stellt man sich hingegen seinen Werkzeugkoffer selbst zusammen, kann man jedes einzelne Teil gezielt aussuchen. Allerdings ist der Gesamtpreis höher. Für die unten aufgeführte Grundausstattung muss man mit 250 bis 300 Franken rechnen.

Wer auf bestimmte Merkmale achtet, kann Fehlkäufe vermeiden.

▪ Hammer

Bei einem guten Hammer ist der Kopf geschmiedet und der Holzstiel verkeilt. So lässt sich ein lockerer Hammerkopf wieder befestigen. Der Stiel sollte aus Hartholz (z.B. Esche, Akazie, Hickory) ohne Ast-Einwüchse bestehen.

Eine raue Oberfläche des Hammerkopfes ist ein Zeichen für minderwertiges Gusseisen. Bei Billighämmern ist manchmal die Verbindung von Stiel und Hammerkopf zu schwach. Lässt sich der Kopf bewegen: Finger weg!
Kosten: ca. 12 Franken.

IN DIESEM KAPITEL

- 8 Werkzeug kaufen: Darauf ist zu achten
- 9 Die wichtigsten Werkzeuge für Heimwerker
- 14 Elektrowerkzeug: Die nützlichsten Maschinen
- 16 Praktische Tipps: Nageln, schrauben, sägen
- 16 Werkzeug aufbewahren und pflegen
- 19 Klebstoffe für dauerhafte Verbindungen
- 20 Projekte planen, Unfallgefahr vermindern

Rollbandmeter oder Klappmeter

Das Rollband sollte arretierbar sein und zwei bis fünf Meter messen. Eine günstige Alternative ist der klassische Klappmeter. Wichtig: Auf leichtgängige, aber straff sitzende Gelenke achten.
Kosten: ca. 6 Franken.

Wasserwaage

Die Wasserwaage ist ein Präzisionswerkzeug. Sie hilft beim exakten horizontalen und vertikalen Ausrichten von Bildern, Plättli und anderen Objekten. Die Genauigkeit lässt sich vor dem Kauf überprüfen: Legen Sie die Wasserwaage auf eine waagerechte Fläche und merken Sie sich die Position der Luftblase. Danach die Wasserwaage um 180 Grad drehen. Die Blase muss sich bei beiden Messungen an der gleichen Position befinden, andernfalls ist die Wasserwaage ungenau.
Kosten: ca. 25 Franken.

Schere

Kaufen Sie eine hochwertige Schere aus rostfreiem Stahl. Sie bleibt in der Regel deutlich länger scharf als ein Billigprodukt.
Kosten: ca. 13 Franken.

Teppichmesser

Ein Teppich- oder Cuttermesser ist nicht nur beim Verlegen von Teppichböden notwendig. Verpackungen, Kartons, aber auch Schnüre oder Klebeband sind mit dem Teppichmesser schnell aufs richtige Mass zugeschnitten. Wichtig ist, dass sich die Klinge mit einem Drehknopf oder einer Schraube arretieren lässt. Bei billigen Messern ist das nicht immer der Fall.
Kosten: ca. 10 Franken.

Kreuz- und Schlitz-Schraubenzieher

Je drei Grössen (4, 6 und 8) reichen für die meisten Fälle. Ein Schraubenzieher mit wechselbaren Köpfen (Bits) im Griff kann einzelne Schraubenzieher ersetzen.

Die Spitzen von unsauber gearbeiteten Billig-Schraubenziehern rutschen oft ab und machen die Schraubenköpfe kaputt. Ein Qualitätsmerkmal ist eine schwarze, gehärtete Spitze. Darauf sollte man sich aber nicht verlassen: Es gibt Hersteller, welche die Spitzen nur schwarz lackieren. Bei Markenschraubenziehern nach Schweizer VSM-Norm liegt man sicher richtig, allerdings sind solche Werkzeuge in der Regel auch teurer.
Kosten: ca. 7 Franken pro Stück.

Inbusschlüssel-Set

Wichtig ist die Passgenauigkeit der Schlüssel. Ansonsten gehen Werkzeug und Schraube schnell kaputt. An einer Schraube im Laden ausprobieren.
Kosten: ca. 20 Franken.

Schraubenschlüssel

Vier bis sechs Schraubenschlüssel (Gabelschlüssel) mit Weiten zwischen 8 und 24 reichen für die meisten Fälle. Die Innenflächen der Schlüssel dürfen keine abstehenden Ränder, Zacken oder Einschlüsse aufweisen. Die Kanten müssen sauber gefertigt sein.

Werkzeug

1 Säge
2 Hammer
3 Saugglocke
4 Teppichmesser
5 Kombizange
6 Beisszange
7 Rohrzange
8 Rollgabelschlüssel
9 Schere
10 Rollmeter
11 Isolierband
12 Universalkleber
13 Holzleim
14 Nägelset
15 Wasserwaage
16 Klappmeter

Test: Setzen Sie den Schraubenschlüssel auf die Mutter. Wenn er sie locker umschliesst, passt er.
Kosten: Set ab ca. 25 Franken.

■ Rollgabelschlüssel
Ein verstellbarer Schraubenschlüssel, auch Engländer genannt, ersetzt ein ganzes Gabelschlüssel-Set. Die Schraube zum Einstellen der Maulweite muss sich leicht drehen lassen. Wenn man den Schlüssel an einer Schraube ansetzt, muss er satt halten und darf sich nicht lösen. Der Griff sollte mindestens zehn Zentimeter lang sein. Ist der Griff zu kurz, ist bei festsitzenden Schrauben die Hebelwirkung zu gering.
Kosten: ca. 13 Franken.

■ Beisszange
Zum Ausreissen von Nägeln und zum Schneiden von Draht ist die Beisszange das richtige Werkzeug. Sie sollte sich mit einer Hand leicht öffnen und schliessen lassen. Ob sie aus gehärtetem Metall besteht, lässt sich im Laden überprüfen: Schneiden Sie einen dünnen Nagel entzwei. Die Schneidekanten dürfen danach keine Rillen aufweisen.
Kosten: ca. 15 Franken.

■ Kombizange
Wer seinen Werkzeugbestand klein halten will, kann mit einer Kombizange die Beisszange ersetzen. Der vordere, flache Teil dient zum Greifen, mit dem hinteren lassen sich Drähte durchtrennen.

1 Dichtungen
2 Duspol-Spannungsprüfer
3 Torxschraubenzieher
4 Kreuzschraubenzieher
5 Schraubenzieher
6 Inbusschlüssel
7 Dübel
8 Schlagbohrmaschine
9 Schraubenset
10 Holzbohrer
11 Metallbohrer
12 Steinbohrer

Machen Sie die «Nagelprobe» wie bei der Beisszange. Achten Sie zudem darauf, dass die Zange einen Klemmschutz für die Finger hat.
Kosten: ca. 15 Franken.

■ **Rohrzange**
Mit der Rohrzange (Wasserpumpenzange) kann man einen Siphon abmontieren oder festsitzende Verschlüsse greifen und lösen. Die verstellbare Zange sollte in jeder Maulweite gut einrasten und in dieser Position arretierbar sein. Das Gelenk muss leichtgängig sein.
Kosten: ca. 20 Franken.

■ **Handsäge**
Sie eignet sich für Holz und Kunststoff. Ein gutes Sägeblatt ist elastisch und nimmt auch nach dem Biegen wieder die ursprüngliche Form an.
Kosten: ca. 22 Franken.

■ **Kleine Bügelsäge**
Mit austauschbaren Sägeblättern eignet sie sich für alle kleinen Arbeiten an Holz, Kunststoff und Metall.
Kosten: ca. 10 Franken.

■ **Schraubzwinge**
Damit lassen sich Werkstücke

zum Bearbeiten einspannen und zusammengeleimte Teile fixieren.
Kosten: ca. 15 Franken.

■ Saugglocke
Mit dem altbewährten «Gummipümpel» lassen sich verstopfte Abflüsse einfach und umweltfreundlich entstopfen.
Kosten: ca. 5 Franken.

■ Universalkleber, Sekundenkleber, Holzleim
Universalkleber eignen sich für fast alle Materialien, ebenso Sekundenkleber. Für Holz und Papier ist Weissleim die beste Wahl (siehe auch Seite 19 f.).
Kosten: je ca. 3 Franken.

■ Phasenprüfer
Wann immer man mit Stromleitungen in Berührung kommen könnte, zum Beispiel beim Montieren einer neuen Lampe, sollte man sich mit dem Phasen- oder Spannungsprüfer vergewissern, dass die Kabel keinen Strom führen. Einfache Phasenprüfer (Schraubenzieher mit Glühlämpchen) sind oft unzuverlässig. Am sichersten sind zweipolige Spannungsprüfer (Duspol), die auch die Höhe der Spannung anzeigen.
Kosten: ca. 30 Franken.

■ Schrauben, Dübel, Nägel
Gut sortierte Sets decken die gängigsten Grössen ab.
Kosten: Set ca. 10 Franken.

■ Isolierband oder Reparaturband
Eignet sich für viele Notreparaturen im Sanitärbereich und beim Flicken von Kabeln.
Kosten: ca. 2 Franken.

■ Sanitär-Dichtungen
Sollte einmal ein Hahn tropfen oder ein Anschluss rinnen, ist es praktisch, wenn man passende Dichtungen im Haus hat.
Kosten: Set ca. 6 Franken

Werkzeugsets im Test

Ein prall gefüllter Werkzeugkoffer für verhältnismässig wenig Geld: Das kann für Hobby-Heimwerker verlockend sein. Doch man sollte sich den Inhalt vor dem Kauf genau ansehen: Welche Werkzeuge braucht man tatsächlich? Und wie sieht es mit der Qualität der Einzelteile aus?

Die Konsumentenzeitschrift «Saldo» liess zehn Werkzeugkoffer von Baumärkten und Detailhändlern zum Preis von 30 bis 135 Franken prüfen. Die Sets enthielten zwischen 24 und 119 Teile. Fünf Werkzeuge durchliefen verschiedene Labor- und Praxistests. Kriterien waren Robustheit, Handhabung sowie Ausstattung: Wie gut liegt das Werkzeug in der Hand? Wie stabil sind Werkzeuge und Koffer? Wie gut erfüllen die Werkzeuge verschiedenste Anforderungen in der Benutzung? Sieben Werkzeugsets zwischen 60 und 135 Franken konnten die Tester insgesamt überzeugen und erhielten die Gesamtnote «gut».

Den ausführlichen Artikel mit den Bewertungen können Sie nachlesen auf www.saldo.ch → Tests.

TIPP

Maschinen mieten statt kaufen

Die Erfahrung zeigt: Viele Gelegenheits-Heimwerker schaffen sich Elektrowerkzeug an, benutzen es aber selten. Bevor Sie ein Gerät kaufen: Fragen Sie im Freundeskreis, ob Ihnen jemand das Werkzeug ausleihen kann. Oder mieten Sie das Werkzeug. Das lohnt sich vor allem bei Profigeräten, die man für ein bestimmtes Projekt benötigt. Eine Walzenschleifmaschine zum Renovieren von Parkett kann man zum Beispiel bei Bauhaus für 138 Franken übers Wochenende mieten.

Mietgeräte gibt es in Baumärkten, bei Handwerkern und spezialisierten Vermietfirmen. Wichtig: Sämtliche Extragebühren wie Kaution und Kosten für die Abnutzung von Bohrern oder Sägeblättern vorher abklären. Die Wochenend-Mietpreise betragen je nach Mietgerät zwischen zwanzig und mehreren Hundert Franken.

Informationen und Preise findet man auf der Homepage von Baumärkten wie www.bauhaus.ch, www.hornbach.ch und www.obich.ch jeweils unter der Rubrik «Sevice».

Elektrowerkzeug: Die nützlichsten Maschinen

Wer nur gelegentlich zu Hause herumwerkelt, braucht keine Maschinen. Für ambitionierte Heimwerker hingegen kann das eine oder andere Elektrowerkzeug eine sinnvolle Anschaffung sein. Allerdings gilt auch hier: Der Griff zu billigen No-Name-Produkten lohnt sich in der Regel nicht. Tests der Stiftung Warentest haben gezeigt, dass die Motoren solcher Elektrowerkzeuge meistens viel zu schwach sind und schnell kaputtgehen. So ist effizientes Arbeiten nicht möglich. Für den gelegentlichen Einsatz sind die Einstiegsmodelle von Markenherstellern eine gute Wahl.

■ Akkuschrauber

Für all jene, die häufig Möbel zusammenbauen, ist der Akkuschrauber eine lohnende Investition. Mit einem guten Gerät spart man viel Zeit und Kraft. Wer allerdings nur gelegentlich kleinere Arbeiten erledigt, kann sich dafür auch einen Schrauber beim Nachbarn leihen oder auf die Kraft seiner Oberarme setzen.

Gemäss einem Test von «Saldo» gibt es bereits ab 50 Franken gute Akkuschrauber (www.saldo.ch → Tests). Spitzengeräte kosten zwischen 100 und 250 Franken.

■ Akku-Bohrschrauber

Bei Heimwerkern beliebt sind Akku-Bohrschrauber, mit denen man kabellos schrauben und bohren kann. Aber aufgepasst: Das Werkzeug ist für viele Bohrarbeiten zu schwach – jedenfalls bei wirklich harten Brocken wie Beton und Mauerwerk. Und häufig macht der Akku bereits nach kurzer Zeit schlapp. Für kurze Bohreinsätze in weicheren Materialien wie Holz, Gips und Kunststoff liefern die 14 bis 18 Volt starken Akkus aber in der Regel genügend Saft, um saubere Löcher zu bohren.
Kosten: ab 130 Franken.

■ Schlagbohrmaschine

Bohrmaschinen mit zuschaltbarem Schlagwerk bohren in Holz, Metall und auch in Ziegel-Mauerwerk und Beton. Die handlichen Maschinen liefern genügend Kraft für die meisten Arbeiten.

Nur wer hauptsächlich grosse Löcher in Betonwände bohrt, benö-

Stichsäge: Für gerade Schnitte und Kurven

tigt eine Schlagbohrmaschine mit zwei Gängen oder einen Bohrhammer. Das spart Anpresskraft.
Kosten: ab 130 Franken.

Nützliches Zubehör
Zum Schrauben und Bohren mit der Maschine braucht es Werkzeugeinsätze. Bei einigen Geräten sind einige Einsätze gleich dabei. Andernfalls kauft man sich am besten ein Set, das die gebräuchlichsten Schraubenkopfprofile und -grössen abdeckt.

Für leichte Bohrarbeiten reicht ein Grundset Stein-, Holz- und Metallbohrer mit den Durchmessern 5, 6, 8.

Daneben sind für Bohrmaschinen Aufsätze für unterschiedliche Anwendungen erhältlich. So können Sie mit der Bohrmaschine beispielsweise schleifen, polieren, Löcher sägen, Farbe rühren oder Rost entfernen.

■ **Stichsäge**
Mit dem richtigen Sägeblatt kann man mit einer Stichsäge die meisten Materialien durchtrennen und sogar Kurven sägen. Nachteil: Durch das flexible Sägeblatt und die geringe seitliche Auflagefläche ist es schwierig, in dicken Platten im rechten Winkel zu sägen. Eine Handkreissäge mit Anschlag sägt winkeltreuer.
Kosten: ab 100 Franken.

■ **Exzenterschleifer**
Zum Schleifen von grossen Flächen ist ein Exzenterschleifgerät praktisch. Mit einem weichen Schleifteller lassen sich sogar ge-

wölbte Flächen bearbeiten oder man kann ihn zum Polieren verwenden. Die meisten Geräte lassen sich an einen Staubsauger anschliessen. Das reduziert die Staubbelastung in der Wohnung. **Kosten:** ab 100 Franken.

Praktische Tipps: Nageln, schrauben, sägen

Ungeübte Heimwerker sollten sich mit Werkzeug und Material vertraut machen, bevor sie sich an grössere Projekte wagen. Hier die wichtigsten Tipps:

Nägel

Auf jedem Set Nägel sind Stärke und Länge abgekürzt angegeben. 2,5 x 55 heisst: 2,5 mm dick und 55 mm lang, ausserdem sind die Artikelbezeichnung, die Verarbeitung und die Kopfform auf der Packung vermerkt.
- **Drahtstifte oder Schreinernägel** verwenden Sie für einfache Holzverbindungen.
- **Gebläute Stahlnägel** brauchen Sie, wenn Sie etwas Schweres aufhängen wollen oder die Wand sehr hart ist.
- **Tapezierstifte** benötigen Sie, wenn Sie Materialien wie Folien oder Stoffe befestigen möchten.
- **U-förmige Agraffen:** Damit können Sie Draht an Holz befestigen.

Holzstücke zusammennageln:
- Der Nagel sollte so lang sein, dass etwa zwei Drittel der Schaftlänge ins untere Holz eindringen kann.
- Achtung: Im Randbereich von dünnen Leisten und Brettern spal-

---

CHECKLISTE

Werkzeug aufbewahren und pflegen

- Für alle Werkzeuge gilt: trocken, bei Raumtemperatur und dunkel lagern. Tageslicht lässt Kunststoffteile brüchig werden. Ein robuster Werkzeugkasten mit zweckmässiger Einteilung sorgt für Ordnung und schützt das Werkzeug vor Feuchtigkeit und Schmutz.
- Damit Werkzeug in der Kiste nicht rostet, legt man ein Stück Kreide dazu. Sie nimmt die Feuchtigkeit aus der Luft auf. Das funktioniert übrigens auch mit Mottenkugeln und Holzkohle.
- Gelenke von Zangen und Scheren sollten von Zeit zu Zeit geschmiert werden, damit sie nicht klemmen. Gleichzeitig ist das Öl ein Korrosionsschutz für jedes Metallwerkzeug. Für die Werzeugpflege verwendet man am besten ein Kriechöl, Sprühöl oder spezielles Werkzeugöl aus dem Baumarkt.
- Scheren schneiden besser, wenn man mit ihnen ab und zu ein Stück feines Schleifpapier durchschneidet. So werden die Kanten der Schneiden geschärft.
- Sägeblätter gleiten besser durchs Holz, wenn sie sauber sind. Harzrückstände lassen sich mit Spiritus entfernen. Danach das Sägeblatt leicht einölen.
- Die Oberflächen von Raspeln und Feilen verkleben im Laufe der Zeit mit Spänen und feinen Materialteilchen. Mit einer feinen Draht- oder Messingbürste lässt sich der Schmutz entfernen.
- Elektrowerkzeuge wischt man am besten direkt nach dem Gebrauch ab und ölt bewegliche Teile. Bei Rissen, Abplatzungen am Gehäuse und unruhigen Laufgeräuschen ist Vorsicht geboten.

ten Nägel oft das Holz auf. Verhindern können Sie das, indem Sie die Nagelspitze mit dem Hammer leicht abstumpfen.
■ Schauen Sie beim Nageln nicht auf den Hammer, sondern auf den Nagelkopf.
■ Kleine Nägel, die sich mit den Fingern nicht halten lassen, können Sie in einen Streifen Karton stecken oder mit einer Haarnadel fixieren und sie dann mit ein paar leichten Schlägen einschlagen (siehe Bild rechts).
■ Genagelte Verbindungen werden stabiler, wenn Sie die Nägel schräg gegeneinander setzen.
■ Schlagen Sie das letzte Stück des Nagels mit einem Versenker ein, um Hammerschlagspuren auf dem Holz zu vermeiden.
■ Einen Nagel herausziehen: Nehmen Sie die Beisszange und legen Sie unter die untere Zangenbacke ein kleines Holzstück, so verhindern Sie eine unschöne Delle im Werkstück.

Schrauben
Schraubenverbindungen halten besser als Nägel und sind trotzdem leichter zu lösen. Doch auch hier gilt: Nur die richtige Schraube bringts.

Jede Schraube ist durch zwei Zahlen gekennzeichnet, zum Beispiel 4 x 30 mm. Die erste Zahl gibt in Millimetern an, wie breit der Schraubenschaft unter dem Kopf ist; die zweite die reine Nutz- oder Schaftlänge.

Die richtige Grösse des Schraubenziehers müssen Sie durch Ausprobieren herausfinden. Passt

Kleine Nägel: Ein Stück Karton hält den Nagel fest

er, sitzt er satt im Schlitz, und im Idealfall ist die Spitze gleich breit wie der Schraubenkopf. Achtung: Mit einem nicht passenden Werkzeug beschädigen Sie unter Umständen die Schraube und das Werkstück.
■ **Holzschrauben** haben ein Gewinde, das sich zur Spitze hin verjüngt. In der Regel ist bei diesen Schrauben ein Vorbohren nötig. Der Durchmesser des Bohrers sollte 1 mm dünner sein als die Schraube.
■ **Spanplattenschrauben** lassen sich ohne Vorbohren versenken.
■ **Maschinen-, Schloss- oder Gewindeschrauben** sind metrische Schrauben, die ein Gegengewinde, also eine Mutter, brauchen. Die Schraube wird entweder durch ein Gewindeloch oder durch Teile, die sie verbinden soll, durchgesteckt und nach Einlegen einer Unterlegscheibe mit der Mutter verschraubt.

FRAGE

Warum spaltet sich das Holz?

Immer wenn ich eine Schraube ins Holz drehe, spaltet es sich. Warum?

Holz steht fast immer unter Spannung. Es kann sich spalten, wenn Sie ohne vorzubohren direkt ins Holz bohren oder wenn die Schrauben zu dick sind. Daher sollten Sie immer vorsichtig vorbohren und nach Möglichkeit dünnere Schrauben verwenden.

Tipp: Nicht in Äste bohren – das Risiko, dass sich das Holz spaltet, ist hier einfach zu gross.

Sägen

Trotz elektrischer Helfer sind Handsägen in der Heimwerkerausrüstung unersetzlich. Die vielseitigste Säge ist der Fuchsschwanz.

■ Spannen Sie vor dem Sägen das Werkstück fest ein, sodass es beim Sägen weder verrutschen noch federn kann und Sie beide Hände frei zum Arbeiten haben.

■ Zeichnen Sie die Schnittlinien so ein, dass sie deutlich erkennbar sind.

■ Der erste Schnitt ist mit der Handsäge etwas schwierig, da Sie die Oberfläche des Materials durchbrechen müssen. Setzen Sie die Handsäge leicht schräg an und ziehen Sie kräftig zurück.

■ Anschliessend sollten Sie etwas vorsichtiger vorgehen. Halten Sie die Handsäge gerade und bewegen Sie die Säge in langen, rhythmischen Zügen vor und zurück. Nutzen Sie dabei die volle Blattlänge aus. Je weniger Druck Sie ausüben, desto weniger weicht der Schnitt von der Sägelinie ab.

■ Das abzusägende Stück sollten Sie abstützen, damit die Enden nicht abbrechen. Achten Sie aber darauf, dass Sie das Stück nicht anheben, sonst klemmen Sie das Sägeblatt ein. Tipp: Um zu verhindern, dass sich die Säge verhakt, stecken Sie einen kleinen Keil in den Sägeschnitt.

■ Kontrollieren Sie beim Sägen ständig, ob die Schnittlinie noch stimmt.

■ Handsägen mit zwei Griffen sollten von zwei Personen geführt werden, die sich gegenüberstehen. Auch hier ist es wichtig, dass das Sägeblatt mit gleichmässig rhythmischen Zügen bewegt wird.

Sägen: Mit gleichmässigen Zügen und wenig Druck

Klebstoffe: So hält die Verbindung bombenfest

Klebstoffe sind so leistungsfähig, dass sie manchmal auch Schrauben und Nägel ersetzen können. Damit die geklebten Gegenstände aber langfristig halten, muss man auf einiges achten:

- Die Flächen müssen immer absolut trocken, staub- und fettfrei sein. Wichtig auch: Je grösser die Klebfläche, desto besser hälts. Sie lässt sich allenfalls vergrössern, indem man zum Beispiel die Verbindungsflächen schräg abschneidet (allenfalls Winkelsäge verwenden).
- Klebstoff gleichmässig dünn auftragen. Die auf der Packung angegebenen Zeiten und Temperaturen fürs Zusammenfügen und Aushärten einhalten.

Je nach Klebstoff müssen die Teile kräftig zusammengepresst werden. Das gelingt mit Schraub- oder Klemmzwingen am besten. Bei Papier und Karton lässt sich der Druck mit einem Gewicht aufrechterhalten, bei kleinen Bastelarbeiten mit einer Wäscheklammer.

Für jedes Material den geeigneten Kleber

- **Weissleim:** Er ist gebrauchsfertig, leicht zu verarbeiten und eignet sich für praktisch alle Holzverbindungen. Normalerweise genügt es, eine der beiden Haftflächen einzupinseln. Danach dauert es je nach Produkt etwa eine halbe Stunde, bis die Verbindung hält. Die Zeitdauer ist abhängig von der Holzart, der Holzfeuchtigkeit und der Umgebungstemperatur. Ist der Weissleim hart, ist er farblos – und es entstehen sehr stabile Verbindungen.

Weissleim klebt nicht nur Holz, sondern auch Papier, Karton, Leder, Textilien und Kunststoffe. Er ist somit der ideale Leim zum Basteln.

- **Alleskleber:** Mit Alles- oder Universalkleber lassen sich viele, aber längst nicht alle Materialien zusammenkleben. Das hat ein Test von «K-Tipp» gezeigt (Ausgabe 14/2012). Nur zwei Kleber kamen mit den meisten der getesteten Materialien zurecht. Der Grossteil der Produkte schaffte insgesamt nicht mehr als ein «genügend» (Testresultate zum Nachlesen unter www.ktipp.ch).

Alleskleber dünn auftragen, dann sofort das Gegenstück daraufdrücken – und zwar so lange, bis der Leim abgebunden hat.

TIPP

Kurse für Hobby-Heimwerker

Malen, tapezieren, Wände verputzen, Keramikplatten, Laminat oder Parkett verlegen – das handwerkliche Know-how kann man sich in Heimwerkerkursen aneignen. Das Angebot ist vielfältig, es gibt sogar spezielle Kurse nur für Frauen (Workshops for women only).

Veranstalter sind regionale Gemeinschaftszentren, Volkshochschulen und die Klubschule Migros (www.klubschule.ch). Auch die grossen Bau- und Hobbycenter bieten Kurse an. Infos unter:
www.coop.ch
www.jumbo.ch
www.hornbach.ch
www.bauhaus.ch
www.obi-baumarkt.ch

- **Zweikomponentenkleber:** Sie bestehen aus einem Binder und einem Härter in separaten Tuben. Die Substanzen werden unmittelbar vor dem Klebevorgang vermischt. Diese Produkte eignen sich für luftundurchlässige, dichte Materialien (Glas, Porzellan, Holz, Metall) und sorgen für extrem beanspruchbare Verklebungen.

Zweikomponentenkleber: Binder und Härter werden vor dem Kleben gemischt

Allerdings enthalten Zweikomponentenkleber Lösungsmittel und synthetische Grundstoffe, die Umwelt und Gesundheit schaden können. Solche Kleber daher nur für Spezialfälle und mit besonderer Sorgfalt verwenden, Hautkontakt unbedingt vermeiden.

- **Kontaktkleber:** Diesen Klebstoff verwendet man in der Regel für Holz, Metall, Kunststoffe und Leder. Man trägt ihn auf beide Teile auf und wartet ein paar Minuten. Erst dann fügt man die Teile zusammen. Auch hier ist ein hoher Anpressdruck wichtig für die Festigkeit.
- **Reaktionskleber:** Beim Reaktionsklebstoff werden Härter beziehungsweise andere Komponenten zugegeben, wobei das Mischverhältnis stimmen muss. Erst danach darf man kleben. Gut geeignet ist Reaktionskleber für glatte Flächen wie Glas, Metall und Keramik.
- **Sekundenkleber** ist vom Prinzip her ebenfalls ein Reaktionskleber, der als zweite Komponente die Feuchtigkeit aus der Luft nutzt, um hart zu werden. Das geht ausgesprochen schnell, eine Fixierung ist meist unnötig. Besonders praktisch ist Sekundenkleber für kleine Teile.

Vorsicht bei der Anwendung! Bei Hautkontakt können die Finger blitzschnell zusammenkleben. Wenn das passiert: Gewebe nicht gewaltsam trennen. Streichen Sie ein Pflanzenöl (zum Beispiel Sonnenblumenöl) grossflächig auf und um die verklebte Stelle. Einwirken lassen, bis sich der Klebstoff ablösen lässt.

- **Spezialkleber:** Zum Verkleben von Materialien wie Parkett, Plexiglas, Glas, Fliesen usw. gibt es Spezialkleber. Da sie speziell auf einen bestimmten Anwendungszweck abgestimmt sind, garantieren sie auch eine speziell hohe Festigkeit, wenn man sich strikt an die Anleitung hält.
- **Klebebänder:** Sie dienen eher als Hilfsmittel bei Reparaturen oder Bastelarbeiten. Es gibt auch beidseitig klebende Spezialbänder, mit denen etwa Badezimmerspiegel auf Keramikplatten befestigt werden können. Um Teppiche zu befestigen, benötigt man ebenfalls doppelseitige Klebbänder.

Werkzeug

Heimwerker-Projekte: Gute Planung spart Ärger

Ob Sie nur ein Zimmer neu streichen wollen, einen Boden verlegen oder einen Gartenweg anlegen: Die Arbeiten müssen gut geplant sein. Wichtig: Überschätzen Sie Ihre handwerklichen Fähigkeiten nicht. Wenn nachträglich ein Profi eine misslungene Arbeit ausbessern muss, haben Sie viel Zeit und Geld in den Sand gesetzt.

- Als Mieter: Holen Sie für alle baulichen Veränderungen in der Wohnung (farbige Wände, anderer Bodenbelag usw.) die schriftliche Einwilligung des Vermieters ein.
- Versuchen Sie genügend Helfer im Freundes- und Verwandtenkreis zu mobilisieren. Gemeinsam arbeitet es sich schneller, und die Motivation ist grösser.
- Erledigen Sie nur Arbeiten in Eigenregie, von denen Sie sicher sind, dass Sie oder Ihre Helfer sie qualitativ gut ausführen können.
- Planen Sie genügend Zeitreserven ein, falls Arbeiten länger dauern als vorgesehen.
- Planen Sie im Baubudget finanzielle Reserven ein für den Fall, dass Sie einen Teil der vorgesehenen Arbeiten trotzdem von Profis ausführen lassen müssen.
- Seien Sie sich bewusst, dass selber ausgeführte Arbeiten nicht immer die Qualität derjenigen von Profis haben – und dass Sie dafür keinerlei Garantieleistungen in Anspruch nehmen können.

CHECKLISTE

Sicherheit auf der «Kleinbaustelle»

Heimwerken kann besonders für unerfahrene Bastler gefährlich sein. Gemäss Zahlen der Beratungsstelle für Unfallverhütung verletzen sich in der Schweiz pro Jahr rund 40 000 Personen bei der Arbeit mit Werkzeugen und Maschinen. Folgende Tipps verringern die Unfallgefahr:

- Leitern und Gerüste auf eine ebene Unterlage stellen. Sie dürfen nicht wackeln.
- Feste Schuhe mit rutschfesten Sohlen erhöhen die Trittsicherheit.
- Kabel sind Stolperfallen: Darauf achten, dass der Fuss- und Arbeitsbereich frei bleibt.
- Wo Staub- und Späne fliegen: Schutzbrille und Staubmaske tragen. Staubmasken müssen dicht am Gesicht anliegen. Wird der Atemwiderstand spürbar grösser, ist der Filter verbraucht.
- Auch Heimwerker sollten bei gewissen Arbeiten den Kopf mit einem Helm schützen.
- Bei allen Arbeiten mit rotierenden Maschinen lange Haare zusammenbinden und keine lose Kleidung tragen.
- Beim Sägen, Meisseln oder Schleifen Arbeitshandschuhe tragen. Beim Bohren die Handschuhe ausziehen. Sie könnten vom rotierenden Bohrer erfasst werden.
- Bei Arbeiten mit sehr lauten Maschinen einen Gehörschutz tragen.
- Laufende Maschinen erst ablegen, wenn der Motor still steht.
- Kleinteile, die man bearbeiten will, nicht mit der Hand festhalten, sondern mit einem Schraubstock oder Schraubzwingen fixieren.
- Bei Farben, Lacken und Kleber immer die Hinweise auf der Verpackung beachten.
- Zement und Beton sind ätzend. Beim Arbeiten mit diesen Materialien stets Handschuhe mit Kunststoffüberzug und eine Schutzbrille tragen. Durchfeuchtete Kleidung wechseln.

2 Bohren, dübeln, reparieren
Kleine Heimwerker-Arbeiten im Haus

Viele handwerkliche Arbeiten im Haus können Laien gut selber erledigen. Auch kleine Schäden lassen sich mit wenig Aufwand reparieren. Vorausgesetzt, man weiss, was zu tun ist. Folgende Anleitungen und Tipps helfen dabei.

Man muss kein Handwerker-Profi sein, um Tablare an die Wand zu schrauben, im Bad eine Silkonfuge zu erneuern oder die Wasserhahn-Dichtung zu ersetzen. Wer in handwerklichen Belangen gänzlich unerfahren ist, sollte sich jedoch nicht planlos ans Werk machen. Man sollte sich vorgängig – zumindest theoretisch – mit den einzelnen Arbeitsschritten vertraut machen. Dann steht dem Erfolgserlebnis nichts im Weg.

Bohren und dübeln: So funktionierts

Bohren gehört zu den häufigsten Arbeiten, die im Haus anfallen. Nur so kann man Bilder, Spiegel oder Tablare stabil an der Wand befestigen. Mit den richtigen Dübeln und Schrauben sind solche Arbeiten auch für Heimwerker-Anfänger kein Problem.

Werkzeug und Material: Bleistift, Wasserwaage, Klappmeter, Bohrmaschine mit Bohreinsätzen, Schrauben- und Dübelset.

Der Untergrund

Entscheidend für die Wahl von Bohrer, Bohrverfahren, Schrauben und Dübel ist das Material, das angebohrt wird. Wer unsicher ist, bohrt an einer unauffälligen Stelle zur Probe in die Wand. Achten Sie auf die Farbe des Bohrmehls und auf mögliche Hohlräume.
- Weisses Bohrmehl: Gips
- Braunes Bohrmehl: Holz
- Rotes Bohrmehl: Backstein
- Graues Bohrmehl: Zement oder Ähnliches.

Wichtig zu wissen: Wasser- und Gasleitungen verlaufen selten mitten durch die Wand – im Gegensatz zu Stromleitungen. Deshalb bohrt man besser nicht in der Nähe von Steckdosen, Lichtschaltern und Lampenanschlüssen. Um Unfälle und Schäden an Leitungen zu vermeiden, sollte man sich ein Leitungs-Ortungsgerät (Bild) zule-

gen. Es ist im Fachhandel ab etwa 30 Franken erhältlich.

Tipp: Wer beim Bau der Wohnung oder dem Haus dabei sein kann, macht Fotos von den eingelegten elektrischen Leitungen. So weiss man später, wo man gefahrlos bohren kann.

Der richtige Bohreinsatz

Der Bohreinsatz – umgangssprachlich einfach Bohrer – wird auf die Bohrmaschine ins Bohrfutter gesteckt. Es gibt drei klassische Bohrerarten.
- **Holzbohrer mit Zentrierspitze**: Für Holz, weichen Kunststoff und Gips.
- **Spindelbohrer**: Für Metall und Kunststoff.

- **Steinbohrer:** Für Mauerwerk und Zement.

Steinbohrer erkennt man an der dunkleren, eingelöteten Hartmetallspitze. Er schabt sich durch das Material oder zertrümmert es wie ein Meissel.

Harten Beton bearbeitet man kräftesparend mit einem Hammerbohrer. Diese Bohreinsätze mit seitlichen Nuten passen jedoch nur in Bohrhämmer.

Mit oder ohne Dübel

Bevor es ans Bohren geht, muss man entscheiden, ob und welche Dübel notwendig sind. Denn die Dübelgrösse gibt Durchmesser und Tiefe des Bohrlochs vor.

- In Holzwänden halten Schrauben ohne Dübel. Mit einem kräftigen Akkuschrauber ist es in vielen Fällen nicht einmal nötig, ein Loch vorzubohren. Man kann die Schraube direkt ins Holz drehen.
- In allen anderen Fällen sind Dübel unerlässlich, um die Schrauben fest zu verankern. Der Dübel wird ganz einfach ins vorgebohrte Loch gesteckt, danach dreht man die Schraube ein.
- In der Regel verwendet man Universaldübel aus Kunststoff, die sich beim Eindrehen der Schraube gegen das Bohrloch spreizen. So hält der Dübel in massiven und löchrigen Untergründen und verkeilt sich in Hohlräumen.
- Für Gipsplatten eignen sich Gipskartondübel. Sie können sogar ohne Vorbohren in die Wand gedreht werden und halten dann Belastungen bis zu 50 Kilogramm stand.

IN DIESEM KAPITEL

- 22 Bohren und dübeln
- 25 Dübellöcher an der Wand entfernen
- 26 Dichtung am Wasserhahn ersetzen
- 26 Schäden am Waschbecken ausbessern
- 27 WC-Spülung reparieren
- 27 Gerissene Silikonfugen erneuern
- 28 Abfluss verstopft: Diese Methoden helfen
- 30 Heizkörper entlüften
- 30 Fenster und Türen abdichten
- 31 Kratzer und Dellen im Parkett entfernen
- 32 So schützen Sie den Parkettboden
- 32 Kratzer an Holzmöbeln ausbessern
- 33 Furnierte Möbel reparieren
- 33 Ausgerissene Beschläge neu befestigen
- 34 Lampen anschliessen
- 34 Lockere Steckdose befestigen
- 35 Alte Lichtschalter ersetzen
- 35 Vorsicht bei Arbeiten mit Strom!
- 36 Halogen-Spots wechseln

2
Bohren
Dübeln
Reparieren

- Der Dübel muss satt ins Loch passen. Durchmesser und Länge sind auf der Verpackung angegeben oder im Dübel eingestanzt.
- Der Dübel sitzt am besten, wenn die Schraube im eingedrehten Zustand mit der Spitze durch den Dübel ragt. Deshalb das Bohrloch etwa einen Zentimeter tiefer als die Dübellänge bohren. Damit die Tiefe des Loches stimmt, markiert man die Länge des Dübels mit Klebeband auf dem Bohrer.
- Bei porösem Material kann beim Herausziehen des Bohrers der Untergrund zerbröseln und das Bohrloch ist danach zu gross. Sind keine dickeren Dübel vorhanden, kann man das Loch mit Füllmasse aus der Tube oder Flüssigdübel schliessen. Je nach Produkt las-

TIPPS

Bohren: Nie mit Handschuhen!

- Mit einem Leitungssuchgerät kann man verhindern, dass man beim Bohren eine Strom- oder Wasserleitung beschädigt. Ist kein solches Gerät vorhanden, den Bohrer niemals im rechten Winkel zu einer Steckdose ansetzen, also weder oben, unten, rechts oder links davon.
- Handschuhe und lange Haare sind beim Bohren ein Verletzungsrisiko: Sie können vom rotierenden Bohrer erfasst werden.
- Auch lockere Kleidung und nach aussen gekrempelte Ärmel sind gefährlich.
- Legen Sie die Bohrmaschine erst aus der Hand, wenn sie vollkommen stillsteht.

sen sich nach 2 bis 5 Minuten Schrauben, Haken oder Ösen problemlos eindrehen.

Drehzahl und Bohrart

Grundsätzlich gilt: Je grösser der Bohrerdurchmesser, desto kleiner die Drehzahl. Je härter der Werkstoff, desto kleiner die Drehzahl. Und: Das Schlagwerk der Bohrmaschine nur bei Stein und Beton einschalten.
- In **Holz** bohrt man mit maximaler Drehzahl. Bei grossen Durchmessern sollte man die Drehzahl verringern oder Pausen einlegen. Der Bohrer kann sich sonst stark erhitzen und das Holz verkohlen.
- Beim Durchbohren eines Holzbretts franst das Loch auf der Rückseite oft aus. Man kann das verhindern, indem man die Bohrstelle mit einem Stück Abfallholz unterlegt.
- Glatte Dübellöcher in hartem Untergrund wie **Stein und Beton** bohrt man am besten in zwei Schritten: Zuerst mit einem dünnen Bohrer vorbohren. Danach ist es einfacher, mit Schlagwerk und einem dickeren Bohrer präzise nachzubohren. So benötigt man zwar mehr Zeit pro Loch, spart aber Kraft.
- Bei **Fliesen** bohrt man – wenn immer möglich – in den Fugen zwischen den Plättli. Muss man dennoch einmal in eine Fliese bohren, vorher ein Heftpflaster, einige Lagen Maler-Kreppband oder ähnliches auf die Bohrstelle kleben. So rutscht der Bohrer auf der glatten Fläche nicht ab. Der Trick hilft auch bei anderen glatten und harten Oberflächen.
- Auf Plättli immer ohne Schlagwerk mit geringer Drehzahl und nur mit leichtem Druck bohren. Verwenden Sie einen speziellen Fliesen- oder Diamantbohrer.
- Bei sehr **glattem Material** wie Fliesen und Metall kann man den Bohrpunkt auch «ankörnen», indem man mit einem Hammer und einem Körner oder Nagel ganz vorsichtig ein kleines Loch in die Oberfläche schlägt.
- **Glasscheiben** beim Bohren mit einer Holzplatte unterlegen. Die Bohrmaschine in einen Ständer einspannen und den Bohrer mit etwas Wasser kühlen. Mit wenig Druck und tiefer Drehzahl arbeiten. Einen Glasbohrer mit gehärteter Spitze verwenden.

Passende Schrauben

- Bei der Wahl der Schraube ist der Untergrund ebenfalls entscheidend. Für die meisten einfachen Heimwerkerarbeiten kann man

Universalschrauben verwenden. Es gibt sie in verschiedenen Längen und Dicken, mit Kreuzschlitz, versenkbarem Kopf und so weiter.
■ Jede Schraube ist durch zwei Zahlen definiert: Die erste gibt den Durchmesser, die zweite die Länge an. Massgebend für eine feste Schrauben-Dübel-Verbindung ist die Länge der Schraube. Um die Mindestlänge zu ermitteln, zählt man Folgendes zusammen: Länge des Dübels, Dicke des Anbauteils (z. B. Regalwand) und Durchmesser der Schraube.

Tipp
■ **Bohren ohne Staub:** An der Wand kann man mit etwas Übung den Bohrstaub schon während dem Bohren mit dem Staubsauger aufsaugen. Noch einfacher geht es, wenn eine zweite Person den Staubsaugerschlauch hält.

Bohrt man auf einer Leiter stehend in die Decke, schützt ein leerer Joghurt-Becher vor herabrieselndem Staub. Man bohrt durch den Boden des Bechers und lässt ihn als Staubfänger stecken.

Kleine Reparaturen im Haus

Für Heimwerker gibt es immer etwas zu tun. Mal tropft ein Wasserhahn, mal ist der Abfluss verstopft oder ein Kratzer im Parkett stört. Nicht immer muss gleich ein Handwerker her, um den Schaden zu beheben. Viele kleine Reparaturen kann man mit wenig Aufwand selber erledigen.

FRAGE

Wie schliesse ich die Dübellöcher in der Wand?

Ich wohne in einer Mietwohnung und habe viele Bilder aufgehängt. Demnächst werde ich umziehen. Wie kann ich die Löcher am besten schliessen?

Mit einem Spiralkorkenzieher lassen sich Dübel entfernen. Für Löcher in Wohnräumen verwenden Sie Reparaturspachtel für innen. Tube kräftig durchkneten und Löcher damit füllen. Dann mit einem Spachtel glatt streichen. Die Masse ist nach einer Stunde trocken und überstreichbar.

In Feuchträumen wie Bad, Waschküche und Keller Reparaturspachtel für den Aussenbereich verwenden. Der normale Spachtel würde wegen der Feuchtigkeit bröckeln.

Dübel mit Korkenzieher entfernen

Loch mit Spachtelmasse füllen

Tropfender Wasserhahn

Ein Wasserhahn tropft, wenn der Dichtungsring über die Jahre spröde geworden und verschlissen ist. Häufige Ursachen sind auch Sandpartikel und Kalkablagerungen. Die Dichtungen in Wasserhahnen mit separatem Warm- und Kaltwasserregler kann man ersetzen. Sets mit Dichtungen erhält man im Baumarkt oder beim Sanitärinstallateur.

Bei Armaturen mit einem Mischhebel muss die Steuerarmatur überprüft werden. Es empfiehlt sich, einen Profi damit zu beauftragen. Denn diese Arbeit ist selbst für erfahrene Heimwerker heikel.

Werkzeug und Material: Engländer oder Schraubenschlüsselset, Ersatzdichtungen, Hahnenfett; eventuell Kalklöser.

So gehen Sie vor:
- Wasser abstellen. Meistens sitzt das Ventil unter dem Waschbecken. Alternativ kann man auch den Haupthahn für die ganze Wohnung zudrehen. Der Haupthahn befindet sich meistens im Heizungsraum oder in der Nähe des Boilers.
- Den Wasserhahn aufdrehen bis kein Wasser mehr kommt. Wenn die Leitung entleert ist, den Handknauf der Armaturen abziehen. Eventuell muss man dafür eine kleine Schraube lösen.
- Das Ventil mit dem Schraubenschlüssel lösen und herausziehen.
- Die Dichtung lösen. Sie sitzt am unteren Ende des Ventils und ist mit einer Schraube/Mutter befestigt.
- Allenfalls das Ventil entkalken, die Ersatzdichtung einsetzen und die Befestigungsmutter wieder aufschrauben. Etwas Hahnenfett auf dem Ventilgewinde schützt vor Korrosion und erleichtert ein späteres Demontieren.

Dichtung am Wasserhahn wechseln: Der Dichtungsring sitzt am unteren Ende des Ventils

Schäden an Waschbecken und Badewanne ausbessern

Es ist schnell passiert: Die Parfümflasche oder die Nagelschere fallen ins Waschbecken und die weisse Schutzschicht splittert ab. Kleine Schäden an der Oberfläche lassen sich mit wenig Aufwand selber reparieren.

Werkzeug und Material: Reparaturset für Email, Keramik oder Acryl, Badreiniger, feines Schleifpapier für Metall.

So gehen Sie vor:
- Die beschädigte Stelle leicht mit Schleifpapier für Metall anschleifen. Mit Badreiniger Fett und Schmutz entfernen. Die Stelle trocknen lassen.
- Email und Keramik bessert man mit einem Reparaturstift oder

Reparaturset für Lavabos:
Spachtelmasse, Härter und Lack

einem Set aus Spachtelmasse und Lack aus.
■ Spachtelmasse nach Gebrauchsanweisung mischen und auftragen. Nach dem Aushärten die Stelle mit Schleifpapier glätten, danach mit Lack besprühen.
■ Für Wannen und Lavabos aus Kunststoff eignen sich auch Autolack-Reparatur-Farbtöpfchen mit integriertem Pinsel. Damit kann man auch Kratzer in der Acrylbadewanne kaschieren.
■ Damit die reparierte Stelle komplett aushärten kann, sollte sie rund vier Tage nicht nass werden.

WC-Spülung reparieren
Wenn der Spülkasten rinnt, ist meistens eine verkalkte Dichtung oder ein verklemmter Schwimmer die Ursache. Mit ein paar Handgriffen lässt sich das beheben.

Werkzeug und Material: Kalklöser, Schraubenzieher; eventuell Dichtung und Schwimmer.

So gehen Sie vor:
■ Spülkastendeckel abheben. Zuerst Schwimmerventil und Hebeglocke kontrollieren. Falls nötig, Kalklöser in den Spülkasten einfüllen und einwirken lassen.
■ Wenn das Wasser danach noch immer rinnt, entweder die Dichtung des Schwimmerventils oder gleich Hebeglocke und Schwimmerventil ersetzen. Die Teile sind nur zusammengesteckt oder lassen sich durch eine oder zwei Schrauben lösen.

Silikonfugen erneuern
Dehnungsfugen aus Silikon reissen, wenn sich der Plättli-Boden oder die Wand bewegt. Im Lauf der Zeit kann sich das Silikon auch verfärben und spröde werden. Mit etwas Geschick lassen sich Silikonfugen leicht erneuern.

Werkzeug und Material: Teppichmesser, Hinterfüllschnur, Maler-Kreppband, Silikon-Dichtmasse, Kartuschenpistole, Fugenglätter, Seifenwasser.

So gehen Sie vor:
■ Das alte Fugenmaterial mit einem Teppichmesser möglichst vollständig herauskratzen und säubern. Die Fuge muss staub- und fettfrei sein. Dann die Fuge beidseitig mit Maler-Kreppband abkleben.
■ Mit einem Schraubenzieher eine Füllschnur aus Schaumstoff tief in die offene Fuge drücken. Die Schaumstoffschnur verhindert, dass das Silikon am Untergrund haftet und später erneut reisst.
■ Das Silikon mit einer Kartuschenpistole aufziehen und gleichmässig in die Fuge spritzen.
■ Danach das Silikon mit dem Fugenglätter glatt streichen und

überschüssiges Material entfernen. Zuvor den Fugenglätter mit etwas Seifenwasser benetzen. Dadurch bleibt das Silikon nicht daran kleben.

■ Danach das Kreppband abziehen und mit dem Finger über die Fuge streichen, um einen sauberen Abschluss zu erhalten. Finger vorher ebenfalls in Seifenwasser tauchen.

■ 24 Stunden trocknen lassen und Reste mit dem Teppichmesser vorsichtig entfernen.

Abfluss verstopft – das hilft

In der Regel ist eine Mischung aus Seifenresten, Haaren, Textilfasern und Fett dafür verantwortlich, wenn Abflüsse verstopfen.

Um einen Abfluss freizubekommen, gibt es eine Reihe von einfachen und effizienten Methoden. In den meisten Fällen ist das Problem mit wenigen Handgriffen gelöst, und das Wasser fliesst wieder ungehindert ab.

Variante 1: **Gummi-Saugglocke**
Mit einer einfachen Saugglocke aus Gummi lassen sich die meisten Abflussprobleme lösen – vorausgesetzt, man wendet den «Pümpel» richtig an.

Werkzeug und Material: Saugglocke, Putzlappen, Gummihandschuhe.

So gehen Sie vor:
■ Falls ein Überlauf vorhanden ist, die Öffnung mit einem nassen Lappen abdichten.
■ Die Saugglocke auf den Abfluss setzen und so viel heisses Wasser

Verstopfter Abfluss: Mittel, die mehr schaden als nützen

Verzichten Sie wenn immer möglich auf chemische Abflussreiniger. Sie belasten die Umwelt, manche sind so aggressiv, dass sie die Rohre beschädigen können. Zudem sind viele Reiniger teuer und bei festsitzenden Pfropfen im Abfluss nicht besonders wirksam.

Vorsicht ist auch bei Tipps angezeigt, die im Internet kursieren. Nicht alle sind nützlich, einige verschlimmern die Situation sogar.

Beispiel Kaffeesatz: Er kann kein Fett lösen. Im Gegenteil. Kaffesatz ist fetthaltig, dadurch kann das Rohr erst recht verstopfen.

Cola über Nacht einwirken lassen oder Backpulver und Essig in den Abfluss schütten und diesen dann oben verschliessen: Diese Mittel sollen angeblich Wunder wirken. Doch Fachleute raten auch von diesen Methoden dringend ab.

Übel ausgehen kann auch der «Mentos-Trick». Dabei gibt man zuerst einige Mentos-Kaubonbons in den Abfluss und giesst danach einen Liter Cola in die Öffnung. Die poröse Oberfläche der Mentos löst blitzartig das Kohlendioxid aus der Cola. Das Gas erzeugt Druck auf den Pfropfen. So weit die Theorie. Nur: Es besteht die Gefahr, dass die Cola durch den Druck wie eine Fontäne aus dem Abfluss schiesst und eine gewaltige Sauerei anrichtet.

Verstopftes Waschbecken: Wasser einlaufen lassen, Saugglocke aufsetzen und am Stiel auf und ab bewegen

ins Becken oder in die Duschwanne füllen, bis der obere Rand der Glocke mit Wasser bedeckt ist.
■ Die Glocke ganz leicht anheben, damit etwas Wasser darunter fliessen kann. Es sollte sich möglichst wenig Luft im Abfluss und unter der Glocke befinden.
■ Danach den Pümpel am Stiel zügig auf und ab bewegen. Die Saugwirkung und der anschliessende Druck sollten den Schmutz lösen und wegschwemmen.

Variante 2: Druckluft
Druck erzeugen kann man auch mit einem Druckluftreiniger aus dem Baumarkt. Es gibt zwei Systeme: Einwegdosen und Pumpgerät. Die Dose setzt man auf die Abflussöffnung und bläst dann Druckluft hinein.

Beim zweiten System handelt es sich um ein Gerät, das einer Wasserpistole ähnlich sieht. Man muss das Gerät vor dem Gebrauch am Griff kurz aufpumpen. Der Pressluft-Rohrreiniger ist immer wieder verwendbar.

Doch es geht noch einfacher: Manchmal genügt auch schon eine gewöhnliche PET-Flasche.
Werkzeug und Material: Lappen, Druckluftreiniger aus dem Baumarkt oder PET-Flasche.

So gehen Sie vor:
■ Falls ein Überlauf vorhanden ist, die Öffnung mit einem nassen Lappen abdichten.
■ PET-Flasche mit heissem Wasser füllen. Mit der Öffnung fest auf den Abfluss pressen und die Flasche kräftig zusammendrücken.
■ Entweicht Luft nach oben, kann man den Abfluss mit einem feuchten Lappen zusätzlich abdichten.

Variante 3: Siphon abmontieren
Wenn weder Saugglocke noch Druckluft die Verstopfung beseitigen, bleibt nichts anderes übrig, als den Siphon unter dem Waschbecken abzuschrauben.
Werkzeug und Material: Gummihandschuhe, Eimer, Lappen; eventuell Rohrzange, Flaschenbürste, Reinigungsspirale, Schlauch.

So gehen Sie vor:
■ Vor dem Abmontieren: Eimer unter den Siphon stellen.
■ Viele Siphonteile lassen sich mit der Hand lösen. Wer eine Zange verwendet, sollte ein Tuch um die Schrauben legen, damit ein verchromter Siphon nicht beschädigt wird.
■ Der Schmutz befindet sich meistens im Bogen. Am besten reinigt man ihn mit einer biegsamen Flaschenbürste. Zur Not tuts auch ein gebogenes Stück Draht.

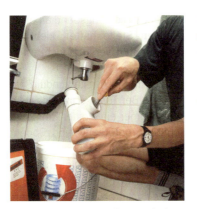

Siphon reinigen: Verstopfungen mit dem Schraubenzieher, einem Drahtstück oder einer Flaschenbürste lösen

Liegt die Verstopfung im Abflussrohr hinter dem Siphon, kommt eine Reinigungsspirale aus Metall zum Einsatz.

- Die Reinigungsspirale ins Rohr schieben, bis man auf Widerstand stösst. Danach den Griff im Uhrzeigersinn drehen, bis sich der Schmutz löst.
- Zum Schluss das Rohr mit heissem Wasser kräftig durchspülen, damit die Ablagerungen weggeschwemmt werden. Am besten geht das mit einem Wasserschlauch.

Heizkörper entlüften

Wenn der Heizkörper blubbert und nicht richtig warm wird, ist meistens eingeschlossene Luft der Grund. Der Radiator muss entlüftet werden. Meist ist dies zu Beginn der Heizsaison nötig.

Werkzeug und Material: Innen-Vierkantschlüssel (Radiatorenschlüssel aus dem Baumarkt), kleines Gefäss.

So gehen Sie vor:
- Am Heizkörper, der entlüftet werden soll, den Temperaturregler voll aufdrehen. Alle anderen auf null stellen.
- Gefäss unter das Entlüftungsventil halten. Es befindet sich auf der gegenüberliegenden Seite des Thermostats. Mit dem Vierkantschlüssel leicht am Entlüftungsventil drehen, bis die Luft herauszischt. Ventil nicht zu stark öffnen, es könnte herausfallen.
- Wenn nur noch Wasser entweicht, das Ventil schliessen.

Achtung: Wenn mehrere Heizkörper stark entlüftet werden müssen, kann es sein, dass im Rohrsystem der Heizungsanlage zu wenig Wasser vorhanden ist. Vergleichen Sie den Wasserdruck der Heizung mit den Herstellerangaben in der Betriebsanleitung. Verliert die Heizung ständig Wasser, sollte man die Anlage von einem Fachmann überprüfen lassen.

Fenster und Türen abdichten

Durch undichte Türen und Fenster können bis zu 15 Prozent Wärme verloren gehen. Das kostet unnötig Energie und Geld. Ob Fenster und Türen dicht schliessen, lässt sich ganz einfach testen: Klemmen Sie einen Streifen Papier in die Fuge und schliessen Sie das Fenster oder die Türe. Wenn Sie den Papierstreifen leicht herausziehen können, ohne dass er reisst, sollten Sie die Fuge abdichten. Das geht ganz einfach mit selbstklebenden Dichtungsstreifen und Bürstendichtungen aus dem Baumarkt.

Weil sich Dichtungsbänder je nach Temperatur ausdehnen oder zusammenziehen, sollten Sie diese weder bei grosser Kälte noch bei Hitze aufkleben.

Werkzeug und Material: Dichtungsmaterial in passender Breite und Dicke, Schere, Teppichmesser.

So gehen Sie vor:
- Dichtungsbänder befestigt man am Rahmen, nicht am Fensterflügel oder an der Türe. Damit das Band gut klebt: Alte Dichtungen, Farbreste, Fett und Schmutz vollständig entfernen.
- Achten Sie auf die richtige Breite und Dicke: Das Band darf nicht überlappen, sonst knicken Sie es beim Schliessen ab. Fenster und Türen müssen sich trotz Dichtung ohne grossen Kraftaufwand schliessen lassen.
- Band auf die passende Länge zuschneiden.
- Mit Aufkleben in einer Ecke beginnen. Jeweils nur wenige Zentimeter Schutzpapier abziehen.

Fenster abdichten: Selbstklebende Dichtungsbänder verhindern Zugluft und helfen Heizungskosten zu sparen

Wenn das Dichtungsband an einer falschen Stelle haftet, klebt es beim zweiten Versuch nicht mehr richtig.

Türen mit Schwelle rundum abdichten. Bei Türen ohne Schwelle bleibt immer ein kleiner Spalt zwischen Türunterseite und Boden, damit sich die Tür öffnen und schliessen lässt. Diesen Spalt können Sie mit einer Dichtungsbürste isolieren. Empfehlenswert ist eine solche Dichtung für Stein- oder Kunststoffböden, nicht aber für Teppiche. Und so wirds gemacht:
- Die Dichtungsbürste auf die richtige Türbreite zuschneiden.
- Die Schnittstelle mit etwas Leim verkleben, damit sich keine Borsten mehr lösen.
- Dichtungsbürste an die Türe kleben oder schrauben.
- Türen auf Teppichböden müssen Sie mit einer Dichtungsschiene aus Kunststoff oder Aluminium isolieren, weil die Bürsten dem Teppich schaden würden.

Kratzer und Dellen im Parkett entfernen

Fussböden aus Holz sind empfindlich gegen Kratzer. Kleinere Schäden kann man relativ leicht zum Verschwinden bringen. Um Holzböden zu schonen, sollte man Stühle mit Filzgleitern versehen (siehe Kasten Seite 32).

Werkzeug und Material: Möbelpolitur, Reparaturwachs für Holz (in diversen Farbtönen erhältlich), Kunststoffspachtel, Parkettlack, feuchtes Tuch, Bügeleisen, Stahlwolle.

2 Bohren Dübeln Reparieren

So gehen Sie vor:
- **Kleine Kratzer:** Oft hilft schon das Einreiben mit Möbelpolitur. Oder man bearbeitet oberflächliche Kratzer mit Parkettlack und poliert mit feinster Stahlwolle nach.
- **Kleine Dellen und Druckstellen:** Drücken Sie ein feuchtes Tuch mit einem heissen Bügeleisen auf das Parkett oder die Holzdiele. Das bringt Dellen zum Verschwinden.
- **Grössere Kerben:** Hier kommt Reparaturwachs im passenden Farbton zum Einsatz. Das Wachs zum Schmelzen bringen und mit einem Spachtel in die Vertiefung drücken. Durch Nachpolieren sieht man fast nichts mehr.

Kratzer an Möbeln entfernen
Dellen und Kratzer auf Holzmöbeln lassen sich mit Reparaturwachs füllen und mit Farbe vertuschen. Der Farbton des Wachses sollte dem hellsten Holzton entsprechen.

Werkzeug und Material: Messer, Kerze, Reparaturwachs für Holz, Rasierklinge, Künstlerfarbe, feiner Pinsel, eventuell Klarlack.

So gehen Sie vor:
- Die Delle mit einem spitzen Messer auskratzen und säubern.
- Messerklinge an einer Kerze erwärmen, dann mit der heissen Klinge das Wachs zum Schmelzen bringen und entlang der Klinge in den Kratzer tropfen lassen.

FRAGE

Wie kann ich das Parkett schützen?

Wir haben im Wohnzimmer Parkettboden. Darauf steht ein Esstisch mit vier Holzstühlen. Wie kann ich verhindern, dass das Parkett beim Stühlerücken zerkratzt wird?

Um das Parkett zu schonen, ist Filz das beste Material. Es ist auch für Laminat und Fliesen geeignet. Filzgleiter können Sie auf drei verschiedene Arten montieren:
- **Schrauben:** Das hat den Vorteil, dass Sie den Stuhl stark beanspruchen können, ohne dass die Filzgleiter abreissen. 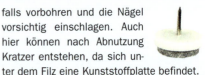 Allerdings besteht die Gefahr, dass das Holz splittert, wenn man die Schrauben hineindreht. Hersteller empfehlen daher vorzubohren. Vorsicht: Wenn sich der Filz abgenutzt hat, können die Schrauben hervorstehen und Kratzer verursachen.
- **Nageln:** Damit verhält es sich ähnlich wie mit dem Schrauben. Daher am besten ebenfalls vorbohren und die Nägel vorsichtig einschlagen. Auch hier können nach Abnutzung Kratzer entstehen, da sich unter dem Filz eine Kunststoffplatte befindet.
- **Kleben:** Am einfachsten sind selbstklebende Filzgleiter anzubringen. Die Stuhlbeine unten leicht anschleifen, säubern und die Gleiter gut andrücken. Nachteil: Klebefilze muss man häufig ersetzen, denn sie halten meistens nicht sehr lange. Zudem können Klebereste entstehen.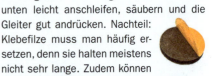

Bei allen drei Methoden sollte man regelmässig kontrollieren, ob die Gleiter ihre Funktion noch erfüllen.

Stehen die Möbel auf einem Teppichboden, wählt man Gleiter mit Metallkappen. Für schwere Möbelstücke wie Kommoden kann man auch Kunststoffuntersetzer verwenden, die den Teppich schonen.

- Wachs trocknen lassen, danach überschüssiges Material mit einer Rasierklinge abziehen.
- Zum Schluss kann man die Maserung in einem dunkleren Farbton mit Ölfarbe nachzeichnen. Wichtig: Den feinen Pinsel gut abstreifen, bis nur noch sehr wenig Farbe an den Borsten haftet.
- Bei lackiertem Holz kann man die reparierte Stelle zusätzlich mit Klarlack besprühen.

Beschädigtes Furnier reparieren

Etwas knifflig ist das fachgerechte Ausbessern von Schäden an furnierten Möbeln. Meist kommt man nicht darum herum, beschädigte Furnierteile zu ersetzen.

Werkzeug und Material: Passendes Furnier, Teppichmesser, Beitel, Holzleim.

So gehen Sie vor:
- Aus Furnier in gleicher Farbe und Maserung ein Stück ausschneiden. Dieses Stück als Schablone auf die Schadstelle legen und die Umrisse nachzeichnen. Dabei auf den Faserverlauf achten.
- Mit dem Teppichmesser die beschädigte Furnierstelle ausschneiden und sehr sorgfältig mit einem Beitel von der Trägerplatte lösen.
- Danach das neue Stück mit Holzleim einfügen. Leimreste sofort abwischen.

Tipp: Blasen im Furnier lassen sich meist durch Erhitzen mit dem Bügeleisen beseitigen. Falls das nicht hilft, die Blase an einer Seite einstechen und mit einer Einwegspritze aus der Apotheke wenig Holzleim hineinspritzen. Danach glattstreichen, überschüssigen Leim sofort entfernen und mit einem flachen Holzstück anpressen. Ein Papier zwischen Holzstück und Furnier verhindert, dass das Holzstück am Möbel kleben bleibt.

Ausgerissene Beschläge wieder befestigen

Bei neueren Möbeln werden Schrank- oder Kommodentüren meist mit eingelassenen Topfscharnieren befestigt. Diese sind sehr robust. Doch durch das häufige Öffnen und Schliessen schwerer Türen können sie aus dem Holz brechen – besonders wenn es sich um eine Tür aus beschichteter Spanplatte handelt. Die Reparatur ist in der Regel einfach.

Material und Werkzeug: Holz-Reparaturpaste, Schraubenzieher, Beitel, Schleifpapier.

So gehen Sie vor:
- Das Scharnier von Hand abschrauben. Dann die Befestigungsstelle mit einem Beitel reinigen und den Schaden mit Reparaturpaste verspachteln.
- Danach das Topfscharnier in die weiche Masse drücken. So formt man die Aussparung wieder sauber aus.
- Die Paste trocknen lassen, danach die Stelle mit Schleifpapier glätten und Löcher für die Schrauben vorbohren.
- Zum Schluss das Scharnier von Hand wieder anschrauben. Nimmt man einen Akkuschrauber, besteht die Gefahr, dass die Schrauben durchdrehen.

2 Bohren Dübeln Reparieren

Lampen anschliessen

Lampen oder Leuchten dürfen Sie selber montieren. Vorausgesetzt, die Stromleitungen wurden von einem Elektriker gelegt und geerdet. Bei einigen Lampen verwendet man Lüsterklemmen, andere sind mit Klemmanschlüssen versehen. Die Klemme des stromführenden Leiters (Phase) ist manchmal mit einem Eingangspfeil gekennzeichnet.

Wichtig: Beachten Sie bei Arbeiten an elektrischen Installationen immer die Sicherheitsvorschriften (siehe Kasten rechts). Wenn Sie unsicher sind, überlassen Sie die Arbeit besser jemandem, der sich mit der Materie auskennt.

Werkzeug: Schraubenzieher, Phasenprüfer (Duspol).

Drähte und ihre Funktionen

Elektroleitungen bestehen aus einzelnen Drähten oder Adern, die als Leiter bezeichnet werden. Die Leiter haben unterschiedliche Farben, an denen man erkennen kann, welche Funktion der einzelne Leiter hat und wo er angeschlossen werden muss. Darauf verlassen, dass die Farben wirklich stimmen, sollte man sich allerdings nicht. Je nach Baujahr des Hauses können die Farben unterschiedlich sein. Deshalb sollte man die Leiter vor Arbeitsbeginn mit einem Messgerät prüfen.

Polleiter (Phase L): Das stromführende Kabel ist rot, schwarz, braun oder weiss.

Neutralleiter (Nullleiter N): Das Kabel kann hellblau oder gelb sein. Im Normalfall keine Spannung.

Schutzleiter (Erdung PE): Das Kabel ist grüngelb oder gelbrot.

Bei elektrischen Anschlüssen müssen die Leiter immer mit dem richtigen Gegenstück in den Leuchtkörpern, Steckdosen oder Lichtschaltern verbunden werden.

So gehen Sie vor:
■ Sicherung herausdrehen oder den Stromkreis mit dem Kippschalter im Sicherungskasten unterbrechen.
■ Mit dem Phasenprüfer sicherstellen, dass die Leitung nicht unter Strom steht (siehe Kasten rechts).
■ Zuerst das grün-gelbe Kabel (Schutzleiter) der Leuchte ans gleichfarbige Kabel in der Decke klemmen, bis nur noch das Isolierte zu sehen ist. Danach das hellblaue Kabel (Neutralleiter) ans hellblaue Kabel in der Decke klemmen, zum Schluss kommt das braune oder schwarze Kabel (Polleiter, Phase) an sein Gegenstück.

Achtung! In Altbauten (Baujahr vor 2000) haben die Kabel oft andere Farben (siehe Kasten links).

Lockere Steckdose befestigen

Lockere Steckdosen sind gefährlich. Einzelne Drähte im Innern können sich aus Klemmen lösen und einen Kurzschluss oder Stromschlag verursachen. Deshalb sollte man lockere Steckdosen möglichst rasch wieder befestigen. In den meisten Fällen kann man dies selber erledigen.

Werkzeug: Schraubenzieher, Phasenprüfer (Duspol).

So gehen Sie vor:
■ Sicherung herausdrehen oder den Stromkreis mit dem Kippschalter im Sicherungskasten unterbrechen.
■ Mit einem zweipoligen Phasenprüfer sicherstellen, dass die Leitung nicht unter Strom steht.

- Plastikabdeckung der Steckdose entfernen. Diese ist nur aufgesteckt oder in der Mitte mit einer Schraube befestigt.
- Unter der Abdeckung kommt der Steckdoseneinsatz zum Vorschein. Dieser ist in der Regel mit Spreizkrallen fixiert. Rechts und links sitzen zwei Spannschrauben, die der Kralle festen Halt geben.
- Die Schrauben anziehen – und die lockere Steckdose sitzt wieder fest.

Alte Lichtschalter ersetzen

In älteren Wohnungen gibts oft unschöne, abgenutzte Lichtschalter. Diese lassen sich mit etwas handwerklichem Geschick austauschen.

Werkzeug und Material: Schraubenzieher, Phasenprüfer (Duspol), neuer Lichtschalter.

So gehen Sie vor:
- Sicherung herausdrehen oder den Stromkreis mit dem Kippschalter im Verteilkasten unterbrechen.
- Mit einem hochwertigen Phasenprüfer sicherstellen, dass kein Strom fliesst.
- Lichtschalter und die Kunststoffrahmen entfernen. Sie sind in der Regel nur aufgesteckt und können mit einem Schraubenzieher abge-

---

CHECKLISTE

Vorsicht bei Arbeiten mit Strom!

Was Heimwerker im Bereich Elektroinstallationen selber machen dürfen, ist gesetzlich streng geregelt.

- Bei konventionellen Sicherungen dürfen Leuchten und dazugehörige Schalter montiert werden. Auch darf man bestehende Steckdosen und Schalter ersetzen.
- Ist der Sicherungskasten mit einem Fehlerstrom-Schutzschalter (FI) ausgestattet, darf der Heimwerker neue Steckdosen und Schalter montieren und die dazu nötigen Leitungen legen. Die Installationen müssen von einem Elektrokontrolleur abgenommen werden.
- Für Stromspannungen über 230 Volt und Installationen im Nass- und Aussenbereich sind ausschliesslich Fachleute zuständig.

Sicherheitstipps:
- Nie an elektrischen Geräten oder Elektroinstallationen hantieren, solange sie unter Spannung stehen. Bei Apparaten den Netzstecker ziehen, am Elektroverteilerkasten immer die Sicherungen deaktivieren.
- Ein Fehlerstrom-Schutzschalter (FI) überwacht in einem Stromkreis die Stromstärke. Bei kleinen Abweichungen (falsch isoliertes Kabel, Berührung) unterbricht er den Stromkreis sofort. Das schützt vor Stromschlägen. FI-Schutz lässt sich als Zentralschalter für die ganze Wohnung im Elektroverteilerkasten einbauen. Es gibt ihn aber auch als eingebaute Sicherheitssteckdose und tragbaren Sicherheitsadapter.
- Mit einem zweipoligen Phasenprüfer kontrollieren, ob keine Spannung mehr vorhanden ist. Verwenden Sie dazu keinen Spannungsprüfer in Schraubenzieher-Form: Diese liefern oft falsche Resultate.
- Für Arbeiten an Elektroinstallationen nur Werkzeuge mit Isoliergriffen verwenden.
- Die Kabel immer gut abisolieren. Beim Anschliessen darauf achten, dass nur noch der isolierte Teil sichtbar ist.

---

2 Bohren Dübeln Reparieren

hebelt werden. Andernfalls vorher Schrauben lösen.
- Montageschrauben aussen am Schaltereinsatz lösen. Nun sollte der Schalter locker wackelnd in der Dose hängen.
- Den Einsatz herausziehen, die Kabel lösen. Merken Sie sich, welches Kabel in welchem Anschluss steckte.
- Die Kabel am neuen Schaltereinsatz befestigen. Bei neueren Schaltern werden die Kabel einfach mit Steckklemmen fixiert. Achten Sie darauf, dass Sie die Kabel mit den richtigen Anschlüssen verbinden.
- Den Schaltereinsatz festschrauben und die Abdeckung wieder aufstecken.

Tipp: Stromkabel immer am Stecker aus der Steckdose ziehen, nie am Kabel selber: So bleiben Steckdosen und Stecker länger intakt.

Versenkte Halogen-Spots wechseln

Anders als herkömmliche Glühbirnen sind Halogen-Spots in der Regel nicht mit einem Gewinde arretiert, sondern nur gesteckt. In seltenen Fällen muss das Leuchtmittel durch eine Vierteldrehung gelöst werden.

Allerdings: Manchmal sind die Leuchten so tief versenkt oder verwinkelt angebracht, dass es kaum möglich ist einen defekten Spot von Hand auszuwechseln. Denn man kann die versenkten Strahler mit den Fingern nicht greifen und herausziehen. Mit folgendem Trick funktioniert es.

Werkzeug und Material: Saugnapf, Schnur, doppelseitiges Klebeband, eventuell Universal-Lampenzieher.

So gehen Sie vor:
- Am einfachsten gelingt das Auswechseln der Spots mit einem Saugnapf (zum Beispiel Wandhaken fürs Bad). Den Saugnapf auf die Lampe setzen und ziehen. Beim Sockeltyp GU10 ist zusätzlich eine Vierteldrehung nötig. Im Fachhandel gibt es auch Universal-Lampenzieher, die Saugnapf und eine Art Greifer kombinieren.
- Ist kein Saugnapf vorhanden, hilft auch doppelseitiges Klebeband. Man klebt es auf einen kleinen Gegenstand (zum Beispiel auf einen Legostein), der dann als Griff dient.
- Lässt sich der Spot ohne Drehung herausziehen, reicht auch ein Stück Schnur, das man um den Spot schlingt.

2
**Bohren
Dübeln
Reparieren**

3 Renovieren
Verjüngungskur für alte Dinge

Anstriche verwittern, Eisen rostet und Böden nutzen sich ab. Doch vieles lässt sich mit etwas Ausdauer und zwei geschickten Händen wieder zum Glänzen bringen. So bleibt einem manche teure Neuanschaffung erspart.

Ob Parkett, Fliesen oder Holztisch: Die Zeit hinterlässt Spuren. Oft hat jedoch nur die Oberfläche gelitten – und diese kann man auffrischen. Das ist zwar manchmal etwas aufwendig, doch die Arbeit lohnt sich. Denn was regelmässig renoviert wird, sieht nicht nur schöner aus, es hält auch länger.

Allerdings: Grössere Vorhaben wie das Abschleifen und Versiegeln von Böden müssen gut geplant sein. Nehmen Sie sich dafür genügend Zeit – nur so können Sie sorgfältig arbeiten.

Möbel restaurieren: Alte Stücke im neuen Look

Egal, ob Stuhl oder Tisch, Kommode oder Truhe: Wer ein altes Möbel restaurieren will, sollte immer ganz genau hinschauen, bevor er sich an die Arbeit macht. Ist ein Möbelstück in einem sehr schlechten Zustand, lässt man als Hobbybastler besser die Finger davon. Möglicherweise ist das Ergebnis der Renovation nicht befriedigend, zudem ist der Zeitaufwand unverhältnismässig hoch. Das gilt erst recht bei Antiquitäten. Hier braucht es eine gehörige Portion Fachwissen – und wer das nicht hat, fügt dem guten Stück mehr Schaden als Nutzen zu.

Geht es jedoch nur darum, ein schönes gebrauchtes Holzmöbel aufzufrischen, sollte man folgendermassen vorgehen.

Vorbereitung

Oft muss man ein Möbelstück zerlegen, um daran arbeiten zu können. In wie viele Einzelteile man es auseinandernehmen will, hängt von dessen Zustand sowie den eigenen handwerklichen Fähigkeiten ab. In einem nächsten Schritt geht es darum, das lädierte Möbelstück gründlich zu reinigen und gleichzeitig auf allfällige reparaturbedürftige Stellen zu achten.

■ **Holzteile:** Sie werden vor dem neuen Anstrich ohnehin abgeschliffen oder abgebeizt. Deshalb genügt es, wenn man das Holz mit einem feuchten Lappen entstaubt.

Schlecht zugängliche Winkel – beispielsweise in einer Kommode

MATERIAL UND WERKZEUG

- Lappen, Seifenwasser, Alkohol
- Drahtbürste
- Stahlwolle
- Schleifpapier mit feiner und grober Körnung, Schleifklotz, evtl. Schleifmaschine
- Holzleim
- Schraubzwingen
- Abbeizmittel
- Reparaturpaste für Holz
- Spachtel
- Schraubenzieher, Schrauben
- Pinsel, Schaumstoffrolle
- Lasur, Holzöl, Möbelwachs oder Möbellack
- Gummihandschuhe (eventuell Schutzbrille und Mundschutz zum Abbeizen)

– werden mit dem Staubsauger oder einer alten Zahnbürste wieder sauber.

■ **Metallbeschläge:** Als Erstes die Metallteile wie Griffe und Schlösser mit Alkohol einreiben, um den Schmutz auf der Oberfläche aufzuweichen. Danach mit einer Bürste, allenfalls einer Drahtbürste, das Metall so lange bearbeiten, bis die dunkle Schmutzschicht entfernt ist. Vertiefungen kann man mit Stahlwolle reinigen. Zum Schluss kann man einen Oxidationsschutz auftragen.

■ **Marmorplatten:** Um den säureempfindlichen Marmor nicht zu beschädigen, reinigt man ihn mit gewöhnlichem Seifenwasser und einem weichen Lappen. Danach gut mit Wasser nachspülen und trocknen lassen. Für einen schönen, matten Glanz trägt man farbloses Möbelwachs auf, lässt es trocknen und poliert den Marmor mit einem weichen Tuch nach.

Reparaturen

Die meisten Reparaturen sind dort nötig, wo die Belastung am grössten ist. Je nach Möbelstück gilt es einen oder mehrere der folgenden Schäden zu beheben:

■ **Wacklige Beine:** Stühle und Tische stehen oft nicht mehr stabil, weil die Verleimung an den Verbindungsstellen nicht mehr richtig hält. Mit Holzleim fixiert man ein wackeliges Stuhl- oder Tischbein. Für schlecht zugängliche Stellen besorgt man sich in der Apotheke eine Injektionsspritze. Damit lässt sich der Leim auch in schmale Ritzen spritzen. Damit alles gut hält,

IN DIESEM KAPITEL

- 39 Holzmöbel: Kleine Schäden reparieren
- 40 Möbel abbeizen und abschleifen
- 40 Oberfläche: Lasur, Lack, Wachs und Öl
- 42 Holzböden abschleifen und versiegeln
- 44 Plättli verschönern mit Klebefolie und Fliesenlack
- 46 Plättlifugen sanieren
- 46 Fensterläden reinigen und pflegen
- 48 Wände mit Holztäfer verkleiden
- 49 Geländer, Zäune und Rohre entrosten
- 50 Kellerdecke dämmen

3 Renovieren

fixiert man die verleimten Stellen mit Schraubzwingen, bis der Leim völlig trocken ist.

■ **Beschädigte Oberflächen:** Bei Tischen ist häufig die Oberfläche zerkratzt oder hat gar tiefe Schrammen im Holz. Oft erledigt sich das Problem beim Schleifen der Oberfläche (siehe Seite 40). Sehr tiefe Kratzer füllt man mit Holzpaste auf und schleift sie danach glatt.

■ **Klemmende Schubladen:** Holz arbeitet und kann sich deshalb verziehen. An den Schleifspuren am Möbel erkennt man, wo es klemmt. Das Holz mit Schleifpapier sorgfältig abschleifen und zwischendurch die Gängigkeit prüfen. Damit die Schublade noch besser gleitet, kann man mit einer farblosen Kerze einige Male über die Kanten reiben.

■ **Kaputte Scharniere:** Das häufige Öffnen und Schliessen der Türen belastet die Scharniere. Sie sind verbogen oder sogar aus dem Holz gebrochen. Hält das Scharnier noch, schraubt man es ab. So oder so gilt: Scharnier mit Schleifpapier entrosten. Allenfalls mit neuen Schrauben wieder montieren. In diesem Fall füllt man die alten Löcher mit einer Reparaturpaste auf. Dann dreht man die Schrauben hinein. Vor Gebrauch alles gut trocknen lassen. Ist das Scharnier in einem sehr schlechten Zustand, montiert man besser ein neues.

Abbeizen und abschleifen

Soll ein alter Anstrich entfernt werden, gibt es zwei Möglichkeiten:

- **Abbeizen:** Das geht am einfachsten mit einem gebrauchsfertigen Abbeizmittel aus dem Baumarkt. Allerdings sind die Mittel meist aggressiv und giftig. Deshalb sollte man Schutzbrille, Handschuhe und Maske tragen. Das schützt vor Dämpfen und Spritzern. Ausserdem muss der Arbeitsplatz gut belüftet sein.

Die Abbeize trägt man mit einem breiten Pinsel auf. Das Mittel gemäss Anleitung einwirken lassen. Danach den alten Anstrich mit einem Spachtel entfernen. Bei dicken Farbschichten sind allenfalls mehrere Arbeitsgänge nötig.

- **Abschleifen:** Möbel mit einer dünnen Lack- oder Farbschicht werden in der Regel abgeschliffen. Bei grossen Flächen geht das mit einer Schleifmaschine (Exzenterschleifer) am schnellsten. Bei kleineren, gebogenen Flächen nimmt man Schleifpapier, das man um einen Kork- oder Holzklotz wickelt. So erhält man einen gleichmässigen Schliff auf der ganzen Oberfläche. Wichtig: Immer in Richtung der Holzmaserung schleifen, niemals quer dazu.

Abgeschliffen wird in mehreren Durchgängen: Mit grobem Schleifpapier (Körnung 80) fängt man an und entfernt damit die alte Oberfläche. Dann erfolgt ein Schliff mit Körnung 120, ein weiterer Zwischenschliff kann mit Körnung 180 erfolgen, für den letzten Schliff nimmt man ein sehr feines Schleifpapier mit Körnung 240.

Vor jedem Arbeitsschritt den Schleifstaub sauber entfernen!

Lasur, Lack, Wachs und Öl

Nach dem Abbeizen oder Abschleifen kann die Oberfläche behandelt werden. Hier gibt es unterschiedliche Möglichkeiten und Techniken:

- **Lasieren:** Bei den Lasuren ist der Pigmentanteil so gering, dass die Oberfläche nur eine Tönung erhält. Die Struktur des Holzes bleibt sichtbar. Lasur wird ganz einfach mit einem breiten Pinsel aufgetragen, danach gut trocknen lassen. Je nach Wunsch kann eine lasierte Oberfläche danach lackiert oder gewachst werden.

Holzlasur: Transparente Tönung

■ **Lackieren:** Holzlack gibt es in vielen Farben, matt oder glänzend, wasserlöslich, auf Lösemittelbasis usw. Seidenmatte Lacke sind für Heimwerker etwas einfacher zu verarbeiten als hochglänzende, weil man allfällige Verläufe im Lack weniger sieht.

Lack schützt das Holz recht gut. Eine komplett schützende Schicht erreicht man jedoch nur mit Kunstharz- beziehungsweise Alkydharzlack. Allerdings verleiht dieser dem Holz ein glänzendes, künstlicheres Aussehen. Wasserlösliche Acryllacke sind weniger strapazierfähig.

Lack bringt man mit einem Pinsel oder einer Schaumstoffrolle aufs Holz. Mit einem kleinen, feinen Roller gelingen gleichmässige, hochglänzende Lackflächen. Voraussetzung ist, dass man zügig «nass in nass» arbeitet: Streichen Sie abwechselnd diagonal und senkrecht. Weil die Farbe feucht ist, verlaufen die einzelnen Striche ineinander und man sieht nach dem Trocknen keine Ränder.

Eventuell sind zwei Anstriche nötig, wobei vor dem zweiten Anstrich die erste Lackschicht leicht angeschliffen werden muss (Körnung 220).

■ **Wachsen:** Dadurch erhalten Oberflächen einen seidenmatten Glanz. Allerdings ist Wachs nur beschränkt wasserbeständig und zudem weder kratz- noch abriebfest.

Beim Verarbeiten kommt es darauf an, ob die Konsistenz des Wachses flüssig oder pastenartig ist: Flüssigwachs lässt sich mit einem Pinsel einarbeiten. Härteres Wachs trägt man mit kreisen-

Möbelwachs: Verleiht der Oberfläche einen seidenmatten Glanz

den Bewegungen mit einem Lappen auf. Nach dem Trocknen wird die Oberfläche mit einem Lappen oder einer Bürste geglättet beziehungsweise aufpoliert.

Gewachste Möbel kann man gelegentlich nachwachsen, wenn die Oberfläche etwas abgenutzt aussieht.

■ **Ölen:** Öl bringt die Holzmaserung besonders schön zum Vorschein. Es dringt ins Holz ein und schützt die Oberfläche – allerdings nur bedingt. Man kann einen geölten Tisch zwar mit einem leicht feuchten Lappen reinigen, doch verschüttete Flüssigkeit hinterlässt Flecken, wenn man sie nicht sofort wegwischt.

Im Handel sind verschiedene Produkte zum Ölen von Holz erhältlich. Gut bewährt hat sich Leinöl oder Leinölfirnis. Man trägt das Öl mit einem weichen Lappen auf und arbeitet es in Faserrichtung ins Holz ein. Warten Sie etwa 15 bis 20 Minuten und geben Sie dem Holz Zeit, das Öl aufzunehmen. Dann wiederholen Sie den Vorgang.

Nach dem zweiten Ölen polieren Sie die Oberfläche mit einem trockenen Baumwolllappen und tragen so das überschüssige Öl ab. Dann lassen Sie das Möbel trocknen. Das Öl härtet innert 24 Stunden aus. Ein frisch geölter Tisch sollte erst nach etwa zehn Tagen voll beansprucht werden.

Stark benutzte Möbel wie Esstische sollte man regelmässig nachölen – lieber einmal zu viel als zu wenig. Solange das Holz das Öl aufnimmt, kann man nichts falsch machen. Eine Vorbehandlung ist beim Nachölen nicht nötig.

Vorsicht: Ölgetränkte Materialien können sich selber entzünden. Deshalb muss man den Lappen nach Gebrauch im Freien auf nicht brennbarem Untergrund trocknen lassen. Erst danach im Hauskehricht entsorgen.

TIPP

Überschüssiges Öl gut abtupfen

Bei der Behandlung von Holzmöbeln und -böden mit Öl und Wachs ist Folgendes zu beachten:
- Wird Öl mit der Rolle aufgetragen, können glänzende Streifen entstehen. Besser: mit breitem Pinsel oder Lappen arbeiten.
- Überschüssiges Öl mit einem Lappen abtragen. Ist das Holz am Tag nach der Behandlung noch klebrig, weil zu viel Öl aufgetragen wurde, hilft nur Abschleifen und neues Einölen.
- Je länger man nach dem Wachsen mit dem Polieren zuwartet, desto stärker glänzt anschliessend das Holz.
- Obwohl ein geölter oder gewachster Holzboden relativ rasch betreten werden kann, dauert es einige Wochen, bis die Oberfläche ausgehärtet ist. Daher den Boden im ersten Monat nur fegen oder saugen statt feucht aufnehmen.

Holzböden abschleifen und neu versiegeln

Holzböden haben eine lange Lebensdauer. Ist die Oberfläche eines Parkettbodens nach jahrelangem Gebrauch stumpf und matt geworden, kann man ihn abschleifen und neu versiegeln. Dabei werden 0,5 bis 0,7 Millimeter Holz abgetragen. So kann auch ein Mehrschichtparkett, dessen oberste Lage 4 Millimeter dick ist, mindestens zwei- bis dreimal renoviert werden. Wer den Aufwand nicht scheut, kann diese Arbeit auch selber machen.

Vorbereitung

Zuerst das Zimmer leerräumen und die Sockelleisten entfernen. Vorstehende Nagelköpfe können die Schleifmaschine beschädigen. Deshalb schlägt man sie mit dem Senker rund 8 Millimeter in den Boden. Holzteile, die sich gelöst haben, kleben Sie mit Fertigparkett-Leim fest. Danach staubsaugen.

Boden abschleifen

Vergewissern Sie sich, dass das Parkett die notwendige Dicke aufweist. Im Durchschnitt muss ein Boden drei bis vier Mal mit dem Walzenschleifer bearbeitet werden. Je älter und unebener der Boden ist, desto gröbere Körnungen sollten die Schleifbänder haben.

Führen Sie die Schleifmaschine ruhig und kontinuierlich über die Oberfläche. Solange die Schleifwalze in Betrieb ist, dürfen Sie weder stehenbleiben noch die Schleifrichtung ändern. Es entstehen sonst Vertiefungen, die sich nicht mehr beseitigen lassen. Die grossen Flächen werden mit dem Walzenschleifer behandelt, für Ecken und schwer zugängliche Randbereiche benötigt man einen Rand- oder Seitenschleifer.

Zuerst kommt der Grobschliff mit den Körnungen 24 und 36, um die Lackschicht zu entfernen. Die mittlere Körnung 60 sorgt dafür, dass der Boden eben wird. Zeigen sich während des Schleifens feine Risse oder Fugen, können diese mit einer Mischung aus Parkett-Fugenlösung und feinem Schleifstaub ausgespachelt werden. Danach folgt der Feinschliff mit der Körnung 100 oder 120 für eine glatte Oberfläche. Nach jedem Schleifgang den Staub entfernen.

Versiegeln

Nach dem letzten Schleifgang den Boden mit dem Staubsauger gründlich reinigen, danach nebelfeucht wischen. Dann kann man eine erste Versiegelungsschicht auftragen. Dazu eignet sich Parkettlack oder Holzbodenlack auf Wasser-, Polyurethan- oder Kunstharzbasis. Auch eine Versiegelung mit Öl oder Wachs ist möglich (siehe Kasten Seite 44).

Den Bodenlack tragen Sie in Streifen von etwa 1,5 Metern gleichmässig mit einer Rolle oder einer Flächenstreichbürste auf. Dabei arbeiten Sie am besten von der Lichtquelle weg. So erkennen Sie Fehlstellen sofort und können sie nachbessern.

Nach 24 Stunden schleift man die Dielen mit einem feinen

Walzenschleifer: Mit der Maschine nicht stehen bleiben, solange sie in Betrieb ist

Schleifpapier noch einmal leicht an. Danach den Staub entfernen und die zweite Versiegelungsschicht auftragen. Einen Tag später kann man die letzte Schicht auftragen.

Hinweis: Je nach Produkt können Trocknungszeiten und Anwendungshinweise variieren. Beachten Sie dazu die Angaben des Herstellers.

MATERIAL UND WERKZEUG

- Hammer und Nagelsenker
- Staubsauger
- Walzenschleifer, Randschleifer (in Baumärkten zu mieten)
- Schleifpapier in unterschiedlichen Körnungen
- Fertigparkett-Holzleim
- Parkett-Fugenlösung zum Ausspachteln von Rissen
- Versiegelungslack, Wachs oder Öl
- Rolle oder Flächenstreicher

FRAGE

Soll man Tannenriemen ölen oder wachsen?

Wir möchten die Bodenriemen abschleifen und danach ölen oder wachsen. Welches sind allfällige Vor- und Nachteile der beiden Behandlungsformen und wie müssen wir vorgehen?

Sie sollten den Boden nur wachsen, wenn Sie die Technik beherrschen. Denn die Fehlerquote beim Wachsen ist höher als beim Ölen.

Verteilen Sie das Öl mit einem breiten Pinsel auf dem Holz, dass es komplett bedeckt ist. Dann reiben Sie das Holz mit einem Tuch in kreisenden Bewegungen ab. Danach geben Sie ein weiteres Mal Öl auf das Holz. Reiben Sie das Öl nun wieder in kreisenden Bewegungen mit einem Schleifpapier feinster Körnung in die gesamte Holzfläche ein. Achten Sie darauf, dass die Oberfläche wirklich ausreichend eingeölt ist, sonst könnten Sie feine Kratzerchen verursachen.

Gehen Sie sorgfältig vor und geben Sie lieber zu viel als zu wenig Öl auf die Holzoberfläche, überschüssiges Öl können Sie immer noch auftupfen.

Lassen Sie nun das Öl nochmals einziehen und gut eintrocknen. Prüfen Sie dann die Ölschicht: Wenn Sie den Eindruck haben, das Holz könnte noch mehr Öl aufnehmen, tragen Sie eine weitere Schicht auf. Dies kommt bei altem und ungepflegtem Holz vor. Statt einer letzten Ölschicht können Sie auch eine Schicht Wachsöl auftragen, die dem Holz weiteren Glanz verleiht.

Nach dem Trocknen sollten Sie die Bodenriemen nochmals mit einem weichen und trockenen Lappen polieren.

Plättli verschönern mit Klebefolie und Fliesenlack

So manchem Mieter sind die spiessigen Plättli aus den 70er-Jahren in Bad und Küche ein Dorn im Auge. Man kann zwar die alten Plättli mit modernen Kacheln überfliesen, doch das ist teuer und mit viel Arbeit verbunden (siehe Seite 66 ff.). Es gibt aber auch einfachere und günstigere Verschönerungsmöglichkeiten.

Klebefolien

Am einfachsten bringt man eine frische Optik mit Fliesenaufklebern an die Wand. Die Aufkleber erhält man in zahlreichen Farben und Motiven in spezialisierten Internetshops oder im Baumarkt. Damit beklebt man die einzelnen Fliesen, die Fugen bleiben sichtbar. Vorteil für Mieter: Beim Auszug lassen sich die Aufkleber problemlos von der Wand entfernen.

Material und Werkzeug: Reinigungsmittel, Wandaufkleber, Rakel zum Glattstreichen.

So gehen Sie vor:
- Bevor man die Folie aufklebt, die Plättli und Fugen gut reinigen. Der Untergrund muss absolut sauber, fettfrei und trocken sein, damit die Folie gut haftet.
- Damit keine Luftblasen entstehen, den Aufkleber mit einem Rakel oder einer alten Kreditkarte glattstreichen. Arbeiten Sie dabei von der Mitte gegen den Rand und nur mit leichtem Druck, sonst könnte der Sticker reissen. Je kleiner die Fliesen, desto einfacher geht das Aufkleben.

Anstrich mit Fliesenlack

Dauerhafter, aber auch deutlich zeitaufwendiger ist das Überstreichen der Wandplättli mit Fliesenlack. Wer die Mühe in Kauf nimmt, kann mit einem überzeugenden Ergebnis rechnen. Die Lackschicht ist äusserst robust und lässt sich nicht mehr entfernen. Mieter sollten deshalb vor dem Lackieren das schriftliche Einverständnis des Vermieters einholen.

In Baumärkten gibt es verschiedene Fliesenlack-Systeme. Die meisten enthalten aufeinander abgestimmte Reiniger, Grundierungen, Farblacke und Versiegler. Eine Dose Farblack reicht ungefähr für eine Fläche von zehn Quadratmetern. Je nach Grösse des Bades muss man mit Kosten zwischen 200 und 500 Franken rechnen.

Tipp: Denken Sie daran, dass Sie die Dusche nicht benützen können, solange die Plättli nicht fertig lackiert und trocken sind. Das kann dauern, denn es sind einige Arbeitsschritte nötig. Für die Wände eines ganzen Bades sollte man drei Tage einplanen.

Material und Werkzeug: Reinigungsmittel, Grundierung, Fliesenlack, Lackwanne, Maler-Kreppband, Schaumstoff-Roller, Gummihandschuhe; eventuell Versiegelung und Fugenstreifen.

Fliesenlack: Bringt frische Farbe ins Bad

So gehen Sie vor:
- Alte Silikonfugen und -reste wegkratzen, Kleberückstände (z.B. von Wandhaken) mit Nitroverdünner entfernen, danach die Fliesen gründlich reinigen. Hersteller empfehlen, glasierte Plättli mit Schleifpapier leicht aufzurauen. Danach den Schleifstaub mit einem feuchten Lappen wegwischen.
- Alles, was nicht lackiert werden soll, mit Klebeband abdecken. Armaturen an der Wand allenfalls abschrauben – vorher jedoch den Wasserzufluss zudrehen.
- Die Grundierung flächendeckend bis in jede Ecke auftragen, damit der Fliesenlack gut haftet. Bei einigen Fliesenlack-Systemen (z.B. Glasurit) ist eine Grundierung nicht nötig.
- Wenn die Grundierung trocken ist (Angaben des Herstellers beachten), den Lack mit der feinporigen Schaumstoffrolle zügig nass in nass auftragen. Am besten klappt es, wenn man sich jeweils eine Fläche von einigen Plättli vornimmt. Streichen Sie einen Durchgang längs, dann quer, und zum Schluss noch einmal längs. Die Fugen werden ebenfalls mit Lack überstrichen.

Dosieren Sie die Farbmenge, indem Sie die Rolle an der Lackwanne gut abstreifen. So verhindern Sie tropfenförmige «Lacknasen» an der Wand.

FRAGE

Wie saniere ich Plättlifugen?

In der Dusche bröckelt das Fugenmaterial heraus. Um zu vermeiden, dass immer etwas Wasser eindringt, möchte ich etwas unternehmen. Wie gehe ich vor?

Aggressive, säurehaltige Putzmittel können die Fugen angreifen. Mit der Zeit können sie porös und bröckelig werden. Um Wasserschäden zu vermeiden, sollten Sie die Wand neu verfugen. Verwenden Sie dafür einen Flex-Fugenmörtel, den Sie mit Wasser anrühren.

Vorher müssen Sie jedoch alle alten Fugenreste mit einem Fugenkratzer entfernen. Danach arbeiten Sie den neu gemischten Mörtel mit dem Fugengummi in die Fugen ein (siehe Seite 72 f.)

Werden auch die neuen Fugen nach einiger Zeit bröckelig, besteht wahrscheinlich ein Problem mit dem Untergrund. Möglicherweise wurde dieser beim Bau nicht fachmännisch grundiert, deshalb haftet der Fugenmörtel zu wenig gut.

Wenn dies die Ursache ist, sollten Sie langfristig eine Sanierung des Badezimmers mit neuen Plättli und einer neuen Wandisolierung gegen Nässe ins Auge fassen.

- Die Abdeckbänder sollten Sie entfernen, bevor der Fliesenlack ganz trocken ist. Nachträglich ist das kaum mehr möglich, weil der Lack das Band mit dem Untergrund sehr fest verklebt. Will man dann das Band abziehen, reisst man damit auch ein Stück Lack ab oder man kann das Band gar nicht mehr lösen.
- Sobald der erste Anstrich trocken ist, die Fliesen ein zweites Mal lackieren. Nach der Trockenzeit, kann man die Fugenoptik wiederherstellen. Dazu klebt man Fugenstreifen auf die überlackierten Fugen. Zum Schluss mit der Rolle ganzflächig die Versiegelung auftragen.

Tipp: Tragen Sie während allen Arbeitsschritten Handschuhe. Fliesenlack ist extrem klebrig und lässt sich kaum mehr von der Haut entfernen.

Holz-Fensterläden reinigen und pflegen

Fensterläden und Fensterrahmen aus Holz halten bei richtiger Pflege jahrzehntelang. Der Vorteil gegenüber Kunststoff und Metall: Man kann Schäden selbst beheben. Damit sie in gutem Zustand bleiben, sollte man einmal pro Jahr etwas Zeit in die Reinigung investieren.

Material und Werkzeug: Handbesen, Lappen, Fensterladenöl.

So gehen Sie vor:
- Hängen Sie den Fensterladen aus, falls das gefahrlos möglich ist, und legen Sie ihn auf einen Tisch oder auf zwei Böcke.
- Groben Schmutz wischen Sie trocken weg – am besten mit einem Handbesen.
- Überprüfen Sie nun den Zustand des Ladens und des Anstrichs auf

Stabilität, Risse, abblätternde Farbe und Pilzbefall.
- Ist alles in Ordnung, putzen Sie den Laden mit einem feuchten Tuch. Lassen Sie ihn etwa 30 Minuten trocknen.
- Danach tragen Sie mit einem Lappen Fensterladenöl oder -balsam auf (Herstellerangaben befolgen). Solche Produkte gibts in Farbläden und Baumärkten.

Falls nötig, sollten Sie zum Schluss Scharniere und Beschläge leicht einfetten.

Achtung: Benutzen Sie auf keinen Fall einen Hochdruckreiniger. Denn durch den hohen Druck wird oft die Farbe beschädigt und Wasser tief ins Holz gepresst. Dadurch entstehen Risse und das Holz kann faulen.

Läden gründlich überholen

Ist der Fensterladen mehrere Jahre alt, sind meist etwas aufwendigere Unterhalts- oder gar Erneuerungsarbeiten nötig. Dies hängt von mehreren Faktoren ab: von der Holzart und Witterungseinflüssen, von der durchschnittlichen Luftfeuchtigkeit und vom Anstrich.

Das Auffrischen von Holzfensterrahmen geschieht auf dieselbe Weise. Allerdings muss man auch die Fensterflächen abkleben und beim Bearbeiten der Sprossen einen Rundpinsel verwenden.

Material und Werkzeug: Schleifpapier, Decklack, Imprägnierung, Grundierung, Rund- und Flachpinsel, Abdeckband, Lappen, Kitt.

Kleinere Risse und Farbschäden auf Läden beseitigt man so:

- Beschädigte Stellen mit Fugenkitt füllen, mit Schleifpapier (Körnung 220) anschleifen und danach einmal mit Decklack auf Alkyd- oder Acrylbasis überstreichen.

Sind grössere Teile des Ladens verwittert, gibts mehr zu tun:
- Zunächst ist der verwitterte Lack vollständig abzuschaben und die verwitterte Fläche bis aufs gesunde Holz abzuschleifen (Papierkörnung 150). Auch Stellen, an denen noch Lack haftet, müssen leicht angeschliffen werden.
- Danach alle Risse, Löcher und Fugen mit Kitt ausspachteln.
- Anschliessend werden die rohen Holzflächen mit farbloser Imprägnierung gestrichen und nach dem Trocknen leicht angeschliffen (Papierkörung 220). Dann wird eine Grundierung aufgetragen.
- Schliesslich erhält der Laden zwei Anstriche mit Decklack auf Alkyd- oder Acrylbasis.

TIPP

Fensterläden pflegen: Für Mieter keine Pflicht

Noch immer steht in manchem Mietvertrag, das Putzen und Einölen der Fensterläden sei Sache der Mieter. Solche Vertragsklauseln sind aber ungültig. Denn Mieter sind generell nur für Reparaturen, Reinigungs- und kleine Unterhaltsarbeiten zuständig, die sich ohne übermässigen Aufwand und ohne besonderes Fachwissen ausführen lassen.

Doch Fensterläden auszuhängen ist körperlich anstrengend und oft nicht ganz ungefährlich. Sie richtig zu pflegen, erfordert zudem Fachkenntnisse. Deshalb kann der Vermieter nicht verlangen, dass Mieter diese Arbeiten übernehmen oder auf eigene Kosten durch eine Firma ausführen lassen.

Wände mit Holztäfer verkleiden

Besonders in Altbauten sind Wände oft in einem schlechten Zustand. Will man sie neu streichen oder tapezieren, wären umfangreiche Schleif- und Spachtelarbeiten notwendig. Diese Mühe und den anfallenden Schmutz kann man sich ersparen, wenn man die Wände mit Holztäfer verkleidet. Und man erhält damit gleich noch eine zusätzliche Isolation.

Täfer oder Paneele gibt es in verschiedenen Ausführungen im Baumarkt und beim Schreiner. Meistens besteht Täfer aus Fichte, Kiefer oder aus Holzfaserplatten mit Furnier oder Dekor.

Zudem gibt es zwei Verbindungssysteme: Täfer mit fester Feder und Täfer mit loser Feder. Paneele mit fester Feder sind leichter zu verlegen, weil sie durch das Nut-Feder-System verlegt und deshalb einfach ineinandergesteckt werden müssen. Paneele mit loser Feder benötigen hingegen ein Zwischenelement, um sie zusammenfügen zu können.

Täfer können auch wenig geübte Heimwerker montieren. Vorher muss man jedoch eine Unterkonstruktion aus Holzlatten erstellen, an der die Paneele befestigt werden.

So gehen Sie vor:

- Zuerst befestigt man mit Dübeln die Latten an der Wand. Will man das Täfer senkrecht oder diagonal montieren, schraubt man die Unterlattung horizontal an die Wand. Ansonsten bringt man die Unterlattung vertikal an. Der Abstand zwischen den Latten sollte rund 50 Zentimeter betragen.
- Mit den Latten kann man Unebenheiten begradigen, indem man entweder die Latten leicht abhobelt oder Abfallholz unter die Latten schraubt und so schiefe Wände ausgleicht.
- Wenn die Unterlattung montiert ist, kann das Täfer angebracht werden. Nageln Sie das erste Brett im Bereich der federseitigen Kante mit je einem Nagel auf eine Latte. Prüfen Sie den horizontalen Sitz mit der Wasserwaage. Dann setzen Sie auf jeder Latte eine Profilholzkralle in die Nut des Paneels.
- Danach befestigen Sie die Krallen mit kurzen Nägeln an der Latte. Damit Sie mit dem Hammer die Täferkante nicht beschädigen,

MATERIAL UND WERKZEUG

- Dachlatten (50 x 25 mm) für die Unterkonstruktion
- Täfer
- Wasserwaage
- Hammer
- Nägel, Schrauben, Dübel
- Profilholzkrallen
- eventuell Nagelhalter
- eventuell Tacker mit Klammern
- Stichsäge oder Feinsäge
- Profilleisten

Tipp: Kaufen Sie besonders bei einem günstigen Angebot genügend Täfer aus einer Lieferung. Vergleichen Sie entweder die Artikelnummer oder fragen Sie im Geschäft nach. So gehen Sie sicher, dass alle Bretter gleich sind.

setzen Sie einen Nagelhalter ein: Stecken Sie einen Nagel in den Nagelhalter. Er wird dort von einem Magneten fixiert. Dann setzen Sie die Nagelspitze aufs Loch der Klammer und schlagen auf den Stössel des Nagelhalters.

- Man kann das Täfer auch ohne Profilholzkrallen an den Latten befestigen. Mit Nägeln oder Tackerklammern geht es schneller, allerdings lässt sich das Täfer später nicht mehr unbeschädigt entfernen. Nagelt oder tackert man Täfer direkt auf die Latten, tut man dies am besten schräg durch die Fräskante der Feder. Dann sind die Nägelköpfe und Klammern nicht zu sehen.
- Die Paneele kürzt man mit der Feinsäge oder einer Stichsäge auf die gewünschte Länge. Abschlüsse und Ecken kann man am Schluss mit Profilleisten verschönern.

Geländer, Fallrohre und Zäune entrosten

Wasser und Sauerstoff lassen Eisen rosten. Und Rost zerfrisst das Metall nach und nach. Deshalb sollte man Bauteile aus Metall regelmässig einer Rost-Kur unterziehen.

So gehen Sie vor:
- Am einfachsten entfernt man Rost auf unbehandeltem und lackiertem Metall mit einer Drahtbürste oder Schleifpapier. Entsprechende Aufsätze gibt es auch für die Bohrmaschine, das spart bei grossen Werkstücken Kraft und Zeit. Wichtig: Beim Entrosten von

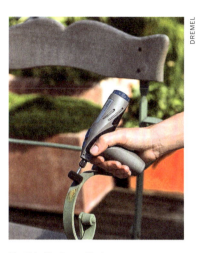

Rostige Gartenmöbel:
Vor dem Neuanstrich abschleifen

Hand oder mit der Maschine eine Schutzbrille tragen.
- Wenn man nicht allen Rost abtragen kann, lässt sich dieser auch mit Rostumwandler stoppen. Einige dieser Mittel bilden anschliessend gleichzeitig einen Haftgrund für eine Neulackierung. Andere Rostumwandler muss man vor der Lackierung abwaschen.
- Vertiefungen im Metall lassen sich mit spezieller Spachtelmasse reparieren.

MATERIAL UND WERKZEUG

- Drahtbürste, Stahlwolle, Nassschleifpapier (oder Bohrmaschine mit Schleif-/Polier-Aufsatz)
- Rostumwandler
- Spachtelmasse für Metall
- Schutzlack
- Grundierung
- Essig, Salz, Salmiakgeist
- Gummihandschuhe, Schutzbrille

FRAGE

Welche Farbe eignet sich für Metall-Gartenstühle?

Ich möchte alte Metall-Gartenstühle neu streichen. Die Farbe sollte strapazierfähig sein, aber möglichst keine Lösungsmittel enthalten. Gibt es ein solches Produkt?

Wenn der alte Anstrich stark abblättert, sollte man die Gartenmöbel zuerst immer komplett abschleifen. Befreien Sie die abgeschliffenen Stühle dann von Staub und allfälligen Fettspuren, erst dann tragen Sie eine Metallgrundierung auf Acrylbasis (wasserverdünnbar) auf. Diese sollte man je nach Produkt bis zu 12 Stunden trocknen lassen. Danach können Sie einen Farblack auf Acrylbasis auftragen.

- Messing kann man mit Stahlwolle, einem Polierset für die Bohrmaschine und Metallpolitur zum Glänzen bringen. Manchmal hilft auch folgendes Hausmittel: Je einen Esslöffel Salz und Essig in 275 Milliliter heissem Wasser auflösen, Messing damit einreiben und danach mit einem Tuch polieren.
- Gegen Grünspan hilft Essig und verdünnter Salmiakgeist. Zum Schutz vor dem giftigen Grünspan und der ätzenden Flüssigkeit sollte man Gummihandschuhe tragen.

Kellerdecke dämmen und Heizkosten sparen

Viele Kellerdecken sind nur minimal gedämmt. So heizen die Wohnräume im Parterre den Keller unnötig auf und das Erdgeschoss bleibt kühl. Mit einer Dämmung der Decke lassen sich diese Wärmeverluste deutlich reduzieren.

Als Dämmmaterial eignen sich Hartschaumplatten aus Polystyrol oder Mineralwolle. Besteht die Kellerdecke aus rohem Beton oder naturbelassenem Mauerwerk, kann man die Platten mit Allround-Mörtel direkt an die Decke kleben.

Für Dämmmaterial in der Stärke von acht Zentimetern muss man mit Kosten von 10 bis 20 Franken pro Quadratmeter rechnen.

Decke vorbereiten

Will man die Dämmplatten direkt an die Decke kleben, muss diese kompakt, sauber und eben sein. Kleine Unebenheiten bis zu einem Zentimeter kann der Kleber ausgleichen, grösser dürfen sie jedoch nicht sein.

Ist die Decke sandig, kreidig oder stark saugend, muss man sie zuerst grundieren. Manche Kellerdecken sind auch gestrichen oder verputzt. In diesem Fall verankert man die Platten nach dem Aufkleben zusätzlich mit Schraubdübeln und Aufstecktellern.

Platten direkt verkleben

- Mischen Sie den Klebemörtel nach Herstellerangaben in einem Eimer an. Am einfachsten geht das mit der Bohrmaschine und einem Rührstab. Danach verteilen Sie die Masse mit einer Zahnkelle vollflächig auf der Platte.
- Durchkämmen Sie den Kleber mit der Zahnung. Dabei sollten Sie das Werkzeug nicht zu flach halten, weil sonst zu wenig Kleber aufgetragen wird. Die Kanten der Platten sollen frei von Kleber bleiben.
- Ist eine unebene Stelle auszugleichen, gibt man den Mörtel in grösseren Portionen und in Form

einer Wulst auf die Platte. Mit wiegenden Bewegungen kann man die Dämmplatte an das Niveau der anderen Platten angleichen.
■ Die Dämmplatten klebt man leicht versetzt an die Decke, sodass keine durchgehende Fuge entsteht. Die Platten lassen sich mit einer Handsäge leicht zuschneiden.
■ Pressen Sie die Platten mit einem flachen Werkzeug gegen die Decke, zum Beispiel einem sauberen Reibebrett. Es sollten keine Druckstellen entstehen.
■ Die fertige Dämmschicht kann man nach dem Trocknen direkt mit Farbe überstreichen oder zuerst spachteln und dann streichen.

Platten mit Lattenkonstruktion befestigen

In Altbauten sind die Kellerdecken oft nicht eben, deshalb kann das Dämmmaterial nicht an die Decke geklebt werden. Es braucht zuerst eine Lattenkonstruktion (Unterlattung).
■ Dübeln Sie die Holzlatten parallel zueinander an die Decke.
■ Verwenden Sie weiches Dämmmaterial aus Mineralwolle, schneiden Sie es passend zu, dann klemmen Sie es zwischen die Latten. Die Zwischenräume müssen bis zur Unterkante der Latte gefüllt werden.
■ Anschliessend verkleidet man die Konstruktion mit Gips- oder Holzplatten, die man malen oder verputzen kann.
■ Befindet sich über dem Kellerraum ein weiterer kalter Raum, zum Beispiel eine Garage, dann kommt zwischen Dämmschicht und Deckenverkleidung eine Dampfsperrfolie. Man kann sie mit Tackerklammern an die Latten heften. Dabei ist darauf zu achten, dass die Folie dicht ist. Allfällige Verbindungsstellen dichtet man mit Dichtband zusätzlich ab.

MATERIAL UND WERKZEUG
■ Dämmstoff
■ Allround-Klebemörtel
■ Zahnkelle (10 x 10 mm)
■ Bohrmaschine mit Rührstab
■ Teppichmesser
■ Handsäge

eventuell zusätzlich:
■ Grundierung
■ Tellerdübel
■ Holzlatten für die Lattenkonstruktion
■ Dampfbremsfolie
■ Dichtungsband
■ Tacker, Schere
■ Deckenverkleidung

4 Böden verlegen
Klick-Elemente erleichtern die Arbeit

Ob Fertigparkett, Laminat oder Kork: Es ist nicht schwer, selber einen neuen Boden zu verlegen. Dank einfachen Klick-Systemen schaffen es auch weniger versierte Heimwerker. Auch beim Verlegen von Teppich hält sich der Aufwand in Grenzen.

Die Auswahl an Bodenbelägen ist vielfältig wie nie zuvor. Für jedes Budget und jeden Geschmack ist etwas dabei. Doch welcher Boden ist für welche Räume am besten geeignet? Bei der Wahl des Bodenbelags sollte nicht nur der Geschmack entscheiden. Reinigung und Beanspruchung sind ebenso wichtig.

Für viel und intensiv genutzte Räume wie den Eingangsbereich und das Kinderzimmer ist ein strapazierfähiger Belag sinnvoll, der sich leicht reinigen lässt – zum Beispiel Laminat. Im Elternschlafzimmer darfs ruhig eine empfindlichere, aber behaglichere Unterlage sein – zum Beispiel ein langhaariger Teppich.

Unabhängig von Modetrends sollten Sie auch auf Folgendes achten: Der Bodenbelag sollte keine Schadstoffe enthalten (siehe Kasten Seite 54), er sollte pflegeleicht, schalldämmend und möglichst langlebig sein.

Parkett
Parkett gibt es in verschiedenen Ausführungen: Massivparkett besteht aus einem dicken Holzstück, beim Mehrschichtenparkett werden mehrere dünnere Holzschichten miteinander verleimt. Zudem kann das Parkett unbehandelt

Klick-System: Für Böden aus Parkett, Kork, Laminat und Linoleum

sein (Rohparkett) oder ab Werk bereits geölt, gewachst oder versiegelt (Fertigparkett). Es kann vernagelt, vollflächig geklebt oder schwimmend verlegt werden. Bereits in der Fabrik wird das Holz für die eine oder andere Verlegeart vorbereitet.

Parkett wird häufig vollflächig mit dem Untergrund verklebt. Der Vorteil dieser aufwendigen Verlegetechnik: Der Boden dämmt den Schall besser. Ausserdem lässt sich verklebtes Parkett später leichter abschleifen.

Am einfachsten zu verlegen ist Fertigparkett mit Klick-Elementen (siehe Seite 56 ff.). Eine gute Trittschalldämmung ist jedoch unverzichtbar.

Wichtig: Unter das Holz darf kein Wasser gelangen, sonst ist der Boden ruiniert. Deshalb sollten Sie für Küche und Bad spezielles Feuchtraumparkett (z.B. Bambus) wählen und komplett verkleben.

■ **Vorteile:** langlebig; leicht zu reinigen; kleine Schäden lassen sich gut reparieren, kann mehrmals abgeschliffen werden.
■ **Nachteile:** keine Schalldämmung; in Ritzen sammelt sich Schmutz an; nicht lichtecht, empfindlich auf Feuchtigkeit.
■ **Preis:** ab 24 Franken pro Quadratmeter.

Massivholz-Dielen

Ein Fussboden aus Holzdielen (Riemenboden) wirkt schlicht und rustikal. Es gibt zwar Klick-Elemente in Dielenoptik, robuster und langlebiger ist jedoch ein Boden aus Massivholz-Dielen.

IN DIESEM KAPITEL

- **52** Bodenbeläge: Materialien im Überblick
- **52** Parkett
- **53** Massivholz-Dielen
- **53** Laminat
- **54** Teppich
- **55** Linoleum, Kork
- **56** Kunststoff
- **56** Anleitung: Böden verlegen mit Klick-System
- **61** Anleitung: Teppich verlegen

■ **Vorteile:** Angenehmes Raumklima, gelenkschonend, da die Dielen federn.
■ **Nachteile:** Hoher Preis, je nach Versiegelung anfällig auf Kratzer und Flecken. Sollen Dielen schön bleiben, muss man sie regelmässig pflegen.
■ **Preis:** ab 60 Franken pro Quadratmeter.

Laminat

Laminat gibts – vor allem als Klick-Version zum Selberverlegen – in unzähligen Varianten und Holz-

TIPP

Zuerst den Vermieter fragen!

Bevor Sie in der Mietwohnung einen alten Teppich herausreissen und Laminat verlegen, sollten Sie zuerst mit dem Vermieter reden. Lassen Sie sich schriftlich bestätigen, dass er mit den Renovationsarbeiten einverstanden ist. Andernfalls kann es später Ärger geben: Der Vermieter kann beim Auszug verlangen, dass Sie die Wohnung im ursprünglichen Zustand – also mit Spannteppich – abgeben.

Das Gleiche gilt übrigens bei allen Arbeiten, die einen Eingriff in die Bausubstanz darstellen. Also auch beim Malen, Tapezieren oder Fliesenlegen.

STICHWORT

Nutzungsklassen Laminat

Laminatböden gelten generell als robust. Doch je nach Beanspruchung sollte man eine besonders hochwertige Qualität wählen. Anhand der Nutzungsklassen laut EU-Norm kann man sie erkennen:

Je höher die Zahl, desto robuster der Belag. Für privaten Einsatz gibt es die Klassen 21, 22 und 23. Klasse 21 reicht für Schlafräume oder private Büros, 23 ist für stark beanspruchte Bereiche wie Treppen und Flure ausgelegt. Noch grösseren Belastungen halten die Laminate für Gewerberäume mit den Nutzungsklassen 31, 32 und 33 stand.

mustern. Laminatböden gelten als preisgünstige Alternative zu Echtholzparkett. Sie sind aber weniger langlebig, weil man sie nicht abschleifen kann.

Was wie die Maserung von Holz aussieht, ist bloss Dekoration. Die oberste Schicht besteht aus einer relativ dünnen Holzwerkstoffplatte mit einer Fototapete, die von einer Schicht Kunstharz geschützt wird. Die Oberfläche ist pflegeleicht, lichtecht, sehr widerstandsfähig, sowie kratz- und stossfest. Selbst Absätze von Stöckelschuhen können dem Belag nichts anhaben. Laminatböden sind laut. Eine gute Trittschalldämmung ist deshalb unverzichtbar.

■ **Vorteile:** günstig; pflegeleicht; grosse optische Vielfalt (Holz, Stein, Fliesen, Fantasiemuster), mit Klick-Elementen schnell verlegt (Anleitung Seite 56 ff.).

■ **Nachteile:** kühl; vergleichsweise kurze Lebensdauer; sehr laut, kaum Schalldämmung; empfindlich auf Feuchtigkeit und elektrostatische Aufladung.

■ **Preis:** ab 5 Franken pro Quadratmeter.

Teppich

Kunstfasern (z.B. Polyester) oder Naturfasern (z.B. Wolle, Sisal) werden in unterschiedlichen Verfahren zu langem, dichtem oder kurzem Flor verarbeitet. Der Aufbau besteht aus einer Nutzschicht (Flor), einer dünnen Trägerschicht und einem Rücken, der dem Teppich Stabilität verleiht und zugleich schalldämmend wirkt.

Ein Teppich wirkt isolierend, schafft eine behagliche Wohnatmosphäre und bietet ein angenehmes Trittgefühl. Ein wichtiges Kriterium bei der Wahl ist, wie stark der Teppich beansprucht wird. Ebenfalls wichtig: Der Teppich sollte keine Schadstoffe enthalten (siehe Kasten links).

■ **Vorteile:** schalldämmend; bindet Staub; trittsicher; fast unendlich viele Farben, Muster und Ausführungen; schnell verlegt (Anleitung Seite 61 ff.).

TIPP

Schadstoffe vermeiden

Aus ökologischer Sicht sind besonders Linoleum und andere Naturbeläge wie Kork und Holz empfehlenswert, sofern man sie im Klick-System verlegt oder Kleber ohne Schadstoffe verwendet. Laminatböden sind ebenfalls unbedenklich.

PVC-Beläge enthalten oft giftige Weichmacher, die langsam ausdünsten. Teppiche aus Wolle können gesundheitlich bedenkliche Insektenschutzmittel enthalten. Alternativen sind Teppiche aus Sisal, Kokos, Leinen und Baumwolle mit Trägerschichten aus Naturlatex und Jute.

■ **Nachteile:** kurze Lebensdauer; schmutzempfindlich; aufwendig in der Pflege, Qualität ist für Laien oft schwer einschätzbar.
■ **Preis:** ab 7 Franken pro Quadratmeter.

Linoleum

Linoleum ist ein Klassiker unter den ökologischen Bodenbelägen. Es besteht überwiegend aus natürlichen Materialien wie Leinöl, Kork- und Holzmehl, Naturharz, Kalksteinpulver und Jute. Dieser Mix verleiht dem Material ganz besondere Eigenschaften: Bakterien und Schimmelpilze gedeihen praktisch nicht auf Linoleum.

Linoleum ist für alle Wohnbereiche geeignet – ausser für Feuchträume. Weil es sehr strapazierfähig ist, wird es häufig auch in öffentlichen Gebäuden, Sporthallen und Industriebetrieben verlegt. Je nach Verwendungszweck ist Linoleum in unterschiedlichen Dicken erhältlich. Nebst zahlreichen Farben und Mustern gibt es auch Bordüren, Intarsien und andere Deko-Elemente.

Linoleum kann man ganzflächig verkleben oder mit Klick-Elementen ohne Leim verlegen.
■ **Vorteile:** natürliches Material aus nachwachsenden Rohstoffen; leicht zu reinigen; mit Klick-Elementen schnell verlegt, lange Lebensdauer.
■ **Nachteile:** empfindlich auf Feuchtigkeit; manchmal unangenehmer Geruch; höhere Feinstaubbelastung.
■ **Preis:** ab 45 Franken pro Quadratmeter.

Kork: Für Nassräume sollte der Boden mit Lack oder Keramik versiegelt sein

Kork

Man unterscheidet zwei Arten von Korkböden:
■ **Massivkork,** der ganzflächig mit dem Untergrund verklebt wird und
■ **Kork-Fertigparkett** mit Klick-Elementen.

Beide bestehen aus Kork und einem Bindemittel. Bei Klick-Elementen wird die Korkschicht auf eine stabilisierende Trägerplatte (z.B. Holzwerkstoff) aufgebracht. Beim Klick-Parkett ist die Korkschicht mindestens drei, beim Massivkork mindestens vier Millimeter dick. Je dicker die Schicht, umso besser die Qualität.

Korkböden können geölt, gewachst, lackiert oder mit Keramik versiegelt sein. Massivkorkböden kann man abschleifen und renovieren – ähnlich wie Holzparkett.

Eine Fussbodenheizung ist grundsätzlich kein Hindernis: Kork kann verlegt werden, wenn es sich um eine Warmwasser- und nicht um eine Elektro-Fussbodenheizung handelt. Massivkork ist bes-

ser geeignet, da es beim Fertigparkett Probleme bei der Wärmeübertragung geben kann.
- **Vorteile:** natürliches Material; elastisch, strapazierfähig, schall- und wärmedämmend; mit Klick-Elementen schnell verlegt.
- **Nachteile:** höhere Feinstaubbelastung; empfindlich auf Feuchtigkeit.
- **Preis:** ab 30 Franken pro Quadratmeter.

Kunststoff (Novilon/PVC)

Solche Beläge bestehen aus einer oder mehreren PVC-Schichten und einem weichen Schaumrücken. Die Dekorschicht befindet sich jeweils zwischen zwei Schichten. Das strapazierfähige, weiche Material eignet sich auch für Badezimmer und Küche.

Kunststoff-Böden gibt es vorwiegend als Rollenware. Man verlegt sie wie Spannteppich (siehe Seite 61 ff.).

- **Vorteile:** sehr strapazierfähig und langlebig; pflegeleicht; schalldämmend.
- **Nachteile:** Kunststoff kann gesundheitsschädliche Weichmacher enthalten; spitze Gegenstände können Novilon beschädigen.
- **Preis:** ab 7 Franken pro Quadratmeter.

Böden verlegen mit Klick-Elementen

Auch für ungeübte Heimwerker ist es leicht, einen neuen Boden mit Klick-Elementen zu verlegen. Es gibt sie mittlerweile in vielen Materialien, Farben und Dekors.

Ob Laminat, Holz, Kork oder Linoleum – die Verlegetechnik bleibt stets dieselbe: Die Platten oder Paneele werden auf den vorbereiteten Untergrund gelegt und an der Stirn und Längsseite ineinandergesteckt. Dabei sind die Kantenprofile (Nut und Feder) so gearbeitet, dass die Elemente auf leichten Druck mit einem Klick einrasten. Ein Kleber ist nicht erforderlich, der Boden selbst wird nicht am Untergrund befestigt (schwimmende Verlegung).

Nach dem Einrasten sind die Elemente fest miteinander verbunden, sie können jedoch durch Anwinkeln und Ausheben leicht und ohne Beschädigung wieder getrennt werden. Das ist zum Beispiel für einen späteren Umzug sehr praktisch.

Vorbereitung

Zimmer ausmessen und die Grundfläche berechnen (Länge mal Breite). Addieren Sie etwa

---

TIPP

Maserung und Farbe beachten

- Ein heller Bodenbelag reflektiert das Licht und lässt Räume grösser scheinen. Für dunkle Beläge gilt das Gegenteil. Dafür wirken diese schön im Kontrast zu hellen Möbeln. Wenn ein Raum viel Tageslicht erhält, darf der Boden auch dunkel sein.
- Muster und Struktur eines Belages beeinflussen das Raumgefühl ebenfalls. Je dezenter die Maserung, desto beruhigender die Wirkung. Möbel kommen besser zur Geltung. Ein auffälliges Muster wirkt lebendiger und zieht die Blicke auf sich.
- Längs verlegter Laminat oder Fertigparkett verlängert einen Raum optisch. Quer verlegte Elemente lassen ein Zimmer breiter wirken.

zehn Prozent hinzu. So reicht das Material sicher, auch wenn Sie das eine oder andere Teil falsch zuschneiden. Ausserdem ist es praktisch, wenn man einige Elemente zum Auswechseln in Reserve hat, falls eines im Lauf der Zeit beschädigt werden sollte.

Bevor es mit Verlegen losgeht, heisst es warten: Die Pakete mit Klick-Elementen müssen zirka zwei Tage im Zimmer gelagert werden, in dem sie verlegt werden. So kann sich das Material an die Luftfeuchtigkeit und Temperatur gewöhnen.

MATERIAL UND WERKZEUG

- Massstab, Bleistift
- Hammer
- Bohrmaschine
- Handsäge mit feiner Zahnung oder Stichsäge
- eventuell Kunststofffolie als Dampfbremse
- Trittschalldämmung
- Klebeband
- Abstandhalter
- Sockelleisten
- Gehrungslade
- Schrauben oder Nägel
- eventuell Übergangsprofile und Metallsäge

Untergrund vorbereiten

Egal welchen Boden Sie verlegen: Der Untergrund muss immer sauber, eben und trocken sein. Klebereste eines alten Belags komplett entfernen. Allenfalls muss der Boden abgeschliffen werden (siehe Kasten Seite 60). Kleine Dellen im Untergrund ausspachteln. Ob der Boden eben ist, prüft man mit einer Richtlatte.

Wenn alle Unebenheiten beseitigt sind, können Sie starten. Falls der neue Boden auf einem mineralischen Untergrund liegt, etwa auf Beton, Naturstein oder Fliesen, müssen Sie zuerst eine Dampfbremse legen. Diese ca. 0,2 Millimeter dicke Polyethylen-Folie verhindert, dass Feuchtigkeit in die Unterseite des Bodens dringt und dieser aufquillt. Die Folienbahnen werden nebeneinander um etwa 20 Zentimeter überlappend verlegt und mit Klebeband fixiert.

Besteht der Untergrund aus Spanplatten, Holzdielen oder PVC, ist eine Dampfbremse nicht nötig.

Parkett verlegen: Schwimmend, ohne Kleber (links) oder ganzflächig auf dem Untergrund verleimt

Trittschall dämmen

Ob Parkett, Laminat oder Kork: Unter Klick-Elemente sollte man immer eine Trittschalldämmung legen. Dämmmaterial gibt es als lose Platten oder in Rollen. Wenn Sie schalldämmenden Schaumstoff ab Rolle verwenden, legen Sie die Bahnen nebeneinander Kante an Kante und fixieren diese mit Klebeband. Sie dürfen nicht überlappen.

Tipp: Legen Sie die Bahnen in Laufrichtung des Bodens. Das hat den Vorteil, dass Sie zuerst nur eine Bahn auslegen müssen und darauf schon mal einige Reihen Boden verlegen können. Danach setzen Sie während des Verlegens Bahn um Bahn der Dämmung an.

Es gibt auch Klick-Elemente mit integrierter Trittschalldämmung. Dabei wird auf die Rückseite eine entsprechende Dämmschicht aufgeklebt. Diese Produkte sind in der Regel teurer, dafür spart man sich Arbeit und zusätzliches Dämmmaterial.

Verlegerichtung

Grundsätzlich orientiert man sich am Lichteinfall im Raum und legt riemenförmige Elemente in Längsrichtung zum grössten Fenster hin. So fallen die Fugen weniger auf und es entsteht kein optischer «Treppeneffekt». Die zweite Regel lautet: Die Längskanten des Bodens verlaufen quer zur Längsseite des Raumes – das weitet den Raum optisch.

Oft ist es nicht möglich, beide Empfehlungen einzuhalten. In solchen Situationen müssen Sie nach eigenem Geschmack entscheiden. Wenn Sie unschlüssig sind, können Sie die Elemente zur Probe auf dem Boden auslegen – ohne Klicks.

Verlegen

Das erste Paneel setzt man in einer Raumecke mit der Feder (vorstehender Teil) zur Wand an. Das zweite wird an der Stirnseite des ersten eingeklickt. Es gibt verschiedene Klick-Systeme: Man setzt die Elemente zum Einklinken gerade oder schräg an. Manchmal muss man sie mit Hammer und Schlagklotz leicht anklopfen. Gehen Sie nach der Anleitung des Herstellers vor.

Tipp: Mit dem Verlegen beginnt man wenn möglich an der Wand mit der Tür. Dies, weil man Klick-Elemente in der Regel leicht schräg ansetzen muss, um sie ein-

---

FRAGE

Wie vermeide ich Absätze zwischen Parkett und Fliesen?

Ich will in einem Zimmer Parkett verlegen. Dabei entsteht ein Absatz von 4 bis 5 Millimetern gegenüber den Fliesen im Gang. Was kann ich tun?

Die unterschiedliche Höhe von Bodenbelägen können Sie mit Übergangsprofilen ausgleichen. Diese sind im Baumarkt in diversen Ausführungen erhältlich und können auf die benötigte Länge zugesägt werden.

Zuerst müssen Sie die Trägerschiene in die Fuge zwischen die Bodenbeläge schrauben oder kleben. Bei Bodenheizung sollten Sie kleben. Danach das Übergangsprofil in diese Schiene einhängen. So entsteht ein harmonischer Übergang.

zuklicken. Das kann jedoch knifflig werden, wenn man erst am Schluss bei der Tür ankommt und das Element unter die Türzarge schieben möchte.

Das letzte Element der Reihe muss man in der Regel kürzen. Legen Sie es dazu auf eine stabile Unterlage. Mit einer Stichsäge sägen Sie auf der Rückseite, mit der Handsäge auf der Vorderseite. So wird ein Ausfransen der Oberfläche verhindert.

Das Reststück können Sie als Anfangsstück für die zweite Reihe verwenden. Damit die Reihen stabil verbunden sind, sollte der Versatz mindestens 30 cm betragen.

Die Elemente der weiteren Reihen muss man an der Längs- und Stirnseite einklicken. Dafür ist etwas Druck nötig. Arbeiten Sie trotzdem ohne Gewalt, damit die Nuten nicht abrechen.

Abstand halten

Je nach Luftfeuchtigkeit und Temperatur dehnt sich der Bodenbelag geringfügig aus. Damit das Material frei «arbeiten» kann, muss der Boden zu allen festen Bauteilen (Wand, Balken, Rohre) einen Abstand von 10 bis 15 Millimetern haben. Diese sogenannte Dehnungsfuge ist wichtig, damit sich der Boden später nicht wellt.

Um die Dehnungsfuge überall einzuhalten, setzt man an den Rändern etwa alle 50 Zentimeter einen Abstandhalter ein. Am Schluss wird man von den Dehnungsfugen nichts mehr sehen, weil diese durch Sockelleisten verdeckt sind.

Elemente kürzen: Eine kleine Kreissäge leistet gute Dienste

Löcher für Heizungsrohre

Besondere Sorgfalt gilt bei Mauervorsprüngen, Heizungsrohren, Ecken und bei der letzten Reihe. Messen Sie Aussparungen exakt ab und sägen Sie die Elemente entsprechend zu.

Bei den Aussparungen für Heizungsrohre hilft ein Bohrer mit entsprechendem Durchmesser. Man legt das Paneel vor die Rohre, zeichnet deren Position ein und bohrt die entsprechenden Löcher grosszügig aus. Danach das Paneel in der Mitte der Bohrlöcher durchsägen und verlegen. Das abgesägte Gegenstück einpassen und beide Teile zusammenleimen.

Auch hier ist darauf achten, dass der Boden ums Rohr herum genügend Abstand hat (Dehnungsfuge).

Türzargen und Tür anpassen
Um Böden rund um eine Tür zu verlegen, gibt es eine zweckmässige und eine elegante Lösung. Die zweckmässige: Sie passen das Paneel bis auf die Breite der Dehnungsfuge an die Türzarge an und kleistern die Fuge mit Silikon aus. Übrig bleibt allerdings ein unschöner Streifen.

Die elegante: Sie kürzen die Türzarge mit der Handsäge und schieben das Klick-Element darunter.

Wenn ein neuer Boden verlegt wurde, lassen sich manche Türen nicht mehr schliessen. Ist im Rahmen etwas Spiel, hilft manchmal eine kleine Unterlegscheibe in der Türangel. Reicht auch das nicht, müssen Sie die Tür kürzen. Diese Arbeit überlassen Sie jedoch besser einem Schreiner.

Sockelleisten montieren
Ganz am Schluss bringen Sie noch die Sockelleisten an. Die Montage der Sockelleisten ist einfach, wenn Sie auf die schon vorhandenen und bei der Demontage nummerierten Stücke zurückgreifen können. Die Leisten lassen sich in diesem Fall mit Nägeln oder Schrauben wieder anbringen, ohne dass Sie messen und sägen müssen.

Bei neuen Sockelleisten bleibt Ihnen das jedoch nicht erspart. Messen Sie die Länge der Wand präzise ab. Übertragen Sie die jeweiligen Masse auf die einzelnen Leisten. Sägen Sie die Leisten überall da, wo sie in Ecken aneinanderstossen, auf Gehrung. Für diesen 45-Grad-Schnitt benötigen Sie eine Gehrungssäge oder Gehrungslade.

Schleifen Sie die Schnittstellen leicht ab und befestigen Sie die Leisten direkt über dem Boden an der Wand. Am besten bohren Sie alle 30 bis 50 Zentimeter ein Loch in Wand und Leiste und montieren den Sockel mit Schrauben und Dübeln. Sie können die Leisten aber auch mit Stahlnägeln befestigen.

FRAGE

Laminat direkt auf dem alten Teppich verlegen?

Wir wollen Laminat verlegen. Müssen wir dafür den alten Teppich herausreissen, oder können wir es direkt darauf verlegen?

Laminat auf Teppich zu verlegen, ist theoretisch möglich, aber nicht zu empfehlen. Wird Laminat auf einem dicken Teppich verlegt, federt es später nach. Das kann dazu führen, dass sich das Klick-System öffnet. Auch aus hygienischen Gründen ist es besser, den Teppich zu entfernen. Wenn Sie Glück haben, wurde er nur mit Klebe- oder Klettstreifen oder einer Fixierung befestigt. Dann können Sie ihn recht einfach vom Boden lösen.

Schwieriger wirds, wenn Kleber verwendet wurde. Je nach Teppichrückseite ist der Teppich dann sehr fest mit dem Boden verbunden und muss mit einem Teppichstripper entfernt werden. Der Boden muss nachher abgeschliffen werden. Teppichstripper und Bodenschleifer können Sie in Baumärkten mieten.

Tipp: Damit der Hammer nicht die Oberfläche der Holzleiste beschädigt, kann man einen Senker verwenden: Den Nagel nicht ganz einschlagen, dann den Senker am Nagelkopf ansetzen und den Nagel ganz versenken.

Damit auch der Übergang vom neuen Belag in einen anderen Raum schön aussieht, verwendet man Übergangsleisten aus Metall. Man verschraubt sie entweder mit Dübelstiften auf dem Boden oder steckt sie in verschraubte Halteschienen (siehe Kasten Seite 58).

MATERIAL UND WERKZEUG
- Massstab, Filzstift
- Teppichmesser mit Ersatzklingen
- Schere
- doppelseitiges Teppichklebeband
- Teppichschiene oder breiter Spachtel
- Schraubenzieher
- Hammer
- Nägel oder Schrauben
- eventuell Ahle und Senker
- Gehrungslade, Handsäge
- Sockelleisten

Teppich verlegen: Am einfachsten mit Klebeband

Auch ungeübte Heimwerker können ohne grosse Mühe einen neuen Teppich verlegen. Am anstrengendsten ist meistens der Transport der grossen und schweren Teppichrollen (Standard-Teppichbreiten sind 400, 500 und 520 Zentimeter). Denken Sie daran, ein passendes Fahrzeug und einen zusätzlichen Träger zu organisieren. Auch beim Verlegen ist es von Vorteil, wenn man einen Helfer hat. Insbesondere das Ausrollen und Ausrichten des Teppichs klappt dann einfacher.

Genau gleich wie Spannteppich können auch PVC-Böden (z. B. Novilon) verlegt werden. Zum Verlegen gibt es drei Methoden, sie unterscheiden sich in der Art der Fixierung:

Variante 1: Mit Klebe-/Klettband

Bis zu einer Fläche von 25 Quadratmetern kann man Spannteppiche mit Klebe- oder Klettband fixieren. Bei Teppichen mit Schaum- oder Geweberücken nimmt man doppelseitiges Klebeband (Verlegeband). Für Teppiche mit Vliesrücken gibt es Klettband zum Aufkleben.

Besonders für Einsteiger ist das Fixieren mit Klebeband am einfachsten. Deshalb wird ab Seite 62 diese Technik beschrieben.

- **Vorteile:** Günstig, schnell, einfach. Empfiehlt sich zudem, wenn der Boden (Plättli oder Parkett) nicht beschädigt werden soll.
- **Nachteile:** Der Teppich ist nur punktuell fixiert – Gefahr für Wellenbildung. Für Räume mit Fussbodenheizung ungeeignet, da zwischen Teppich und Boden ein kleiner Hohlraum entsteht.

Variante 2: Mit Fixierung

Fixierung ist flüssig und lässt sich mit einer Rolle leicht auf dem Boden verteilen.

- **Vorteile:** Die Fixierung ist der perfekte Kompromiss zwischen

Auf der Rückseite zuschneiden

Ecken einschneiden

Folie von Klebeband abziehen

Klebe-/Klettband und Kleber. Sie hält stärker als ein Klebe-/Klettband, ist aber viel leichter zu entfernen als Kleber. Muss der Teppich raus, hebt man ihn an einer Ecke hoch und reisst ihn heraus. Fixierungsreste mit Wasser und Spülmittel entfernen.
■ **Nachteil:** Aufwendiger als das Verlegen mit Klebeband.

Variante 3: Mit Kleber
Den Spezialleim trägt man mit einem Zahnspachtel auf den Boden auf. Er bietet die stärkste Fixierung und eignet sich deshalb speziell für Hauseingänge, Treppenhäuser und Büroräume.
■ **Vorteile:** Besonders dauerhaft und strapazierfähig.
■ **Nachteile:** Aufwendig. Geklebte Teppiche lassen sich nur sehr mühsam entfernen: Der Teppich wird in Stücke geschnitten und dann mit einem «Teppichstripper» herausgerissen. Nachher muss der Boden abgeschliffen werden.

Boden vorbereiten
Sockelleisten vorsichtig entfernen und nummerieren, wenn man sie später wieder anbringen will. Geklebte PVC-Sockel müssen Sie übrigens nicht entfernen: Sie können den alten Teppich darunter hervorziehen und den neuen Teppich zum Beispiel mit einem grossen Schraubenzieher unter den Sockel schieben.

Risse und Unebenheiten im Boden mit Spachtelmasse ausgleichen. Der Untergrund muss fest, sauber und trocken sein, bevor man den Teppich verlegt.

Ausmessen
Messen Sie den Raum genau aus. Beachten Sie dabei auch Nischen und allfällige Vorsprünge an der Wand. Denken Sie daran, dass Sie deutlich mehr Teppich benötigen als die Fläche des Bodens. Rechnen sie mindestens 20 Zentimeter in der Länge und Breite hinzu.

Daheim den neuen Teppich ausrollen und über Nacht flach liegen lassen, damit er sich akklimatisieren kann. Weil die Rolle in der Regel breiter als der Raum ist, rollt man sie zunächst diagonal im Raum ab und zieht den Belag danach in die richtige Position.

Teppich in die Kante drücken   Rand gerade abschneiden   Feinschnitt an heiklen Stellen

Grobschnitt
Am nächsten Tag den Teppich grob auf das Zimmermass zuschneiden. Zuerst kürzt man mit dem Teppichmesser allzu hohe Materialüberstände. Der Rand sollte einige Zentimeter an der Wand aufstehen. Dann schneidet man den Belag an den Ecken und an den Türrahmen passend ein.

Achten Sie darauf, dass der Teppich beim Zuschneiden nicht verrutscht.

Mehrere Teppichbahnen
Wenn der Raum breiter ist als die Rollenware, müssen Sie eine zweite Teppichbahn ansetzen. Diese muss man vor dem Grobschnitt zuschneiden – und zwar so:

- **Bei Veloursteppichen** einen Doppelschnitt durchführen. Dazu legt man die Teppichbahnen leicht überlappend nebeneinander. Dann entlang einer Stahlschiene beide Teile gleichzeitig mit einem Teppichmesser durchtrennen.
- **Bei Schlingenteppichen** an den Teppichbahnrändern, die später zusammenstossen sollen, den letzten Faden herausziehen. Dann mit einer Schere sauber abschneiden. Dadurch bleibt die Schlingenoptik bei beiden Bahnen durchgehend gewahrt.
- Achten Sie darauf, dass beide Bahnen die gleiche Florrichtung haben: In Florrichtung fühlt sich der Teppich glatt an, gegen den Flor stellt er sich auf, wenn Sie mit der Hand darüberstreichen.

Fixieren mit Klebeband
Die Hälfte des Teppichs zurückschlagen. Das Band einen Zentimeter vom Rand entfernt auf den Boden kleben und gut andrücken. Um dem Belag noch mehr Bodenhaftung zu verleihen, bringen Sie das Klebeband gitterförmig unter dem gesamten Belag an – ohne die oberen Schutzstreifen zu entfernen. Der Abstand der Streifen sollte rund 50 Zentimeter betragen. Entfernen Sie erst danach das obere Schutzpapier. Wichtig: Die Nahtstelle von zwei Teppichbahnen muss immer mit Klebeband unterlegt sein.

Erst jetzt ziehen Sie das Schutzpapier vom Klebeband und legen die zurückgeschlagene Teppichhälfte wieder hin, und zwar so, dass der Teppich überall glatt auf dem Boden aufliegt. Mit der Hand oder einer abgerundeten Holzleiste den Teppich gut anpressen.

Arbeiten Sie immer von der Mitte zur Wand und achten Sie darauf, dass keine Falten oder Blasen entstehen. Gehen Sie danach mehrmals auf dem fixierten Teil auf und ab, damit der Teppich auf dem Klebeband gut haftet.

Genau gleich fixieren Sie die andere Hälfte. Legen Sie diesmal den Teppich von der Raummitte her möglichst straff zurück, damit es keine Wellen gibt.

Feinschnitt
Wenn der Teppich fixiert ist, erfolgt der Feinschnitt. Drücken Sie den überstehenden Teppichrand mit der Teppichschiene oder einem Schraubenzieher fest in die Kante von Boden und Wand. Den überstehenden Teppich entlang der Metallschiene mit dem Teppichmesser passgenau abschneiden. Das ist einfach, weil die Schnitte gerade sind.

Schwieriger wirds bei Mauervorsprüngen oder Heizungsrohren. Auf der Rückseite des Teppichs zeichnet man die exakten Masse ein und schneidet das Material zu.

TIPPS

Flecken auf Teppichen und Polstermöbeln entfernen

Ist ein Missgeschick passiert? Kein Grund zur Aufregung – die meisten Flecken auf dem Teppich oder auf Polstermöbeln lassen sich entfernen. Grundsätzlich gilt:
- Den Schmutz möglichst rasch mit Haushaltpapier oder einem saugfähigen Tuch abtupfen – nicht reiben!
- Bei Kaffee- und Weinflecken kann eine zusätzliche Behandlung mit kohlensäurehaltigem Mineralwasser oder destilliertem Wasser helfen. Letzteres vermeidet Kalkränder.
- Für viele Fasern und Fleckenarten ist Gallseife das richtige Mittel. Sie bleicht Fasern nicht aus.
- Grundsätzlich kann man zur Fleckenentfernung auch Allzweckreiniger verwenden. Geben Sie allfällige Reinigungsmittel nicht direkt auf den Fleck, sondern auf ein sauberes Tuch. Prüfen Sie zunächst an einer versteckten Stelle, ob der Teppich abfärbt.
- Bei vielen eingetrockneten Flecken helfen zwei Esslöffel Feinwaschmittel und drei Esslöffel Essig in einem Liter Wasser.
- Reinigen Sie nach der Fleckenentfernung mit klarem Wasser nach.
- Immer von aussen nach innen arbeiten, die nasse Stelle trocken föhnen.

Für den Fall, dass sich ein Fleck nicht entfernen lässt oder ein Brandloch den Teppich verunstaltet, sollten Sie beim Verlegen immer einen Teppichrest aufheben. Damit lässt sich die beschädigte Stelle reparieren.
- Schäden wie Brandlöcher entfernen Sie am einfachsten mit einem Locheisen. Grössere Stellen schneidet man mit dem Teppichmesser aus.
- Aus dem Teppichrest ein passendes Stück ausschneiden. Das beschädigte Stück dient dabei als Schablone. Den Flor zur Seite schieben, damit die Fasern ganz bleiben.
- Setzen Sie das neue Teppichstück ein und befestigen Sie es mit etwas Alleskleber, grössere Flicken mit doppelseitigem Klebeband.
- Wenn der Leim getrocknet ist, bearbeiten Sie die Stelle mit einer groben Bürste.

Lassen Sie sich dabei Zeit! Besonders sorgfältig sollten Sie immer da vorgehen, wo der letzte Schnitt sichtbar bleibt und nicht von einer Sockelleiste verdeckt wird – also etwa am Türrahmen oder an der Türschwelle.

Die Klingen häufig wechseln: Nur mit einem scharfen Messer kann man exakt arbeiten.

Sockelleisten montieren
Nun können Sockelleisten und/oder Schienen angebracht werden (siehe Seite 60).

Schienen sind überall dort nötig, wo die Teppichkante nicht an die Wand stösst (z.B. bei Türen). Ohne Schiene oder Leiste franst der Teppich aus und wird zudem zur Stolperfalle. Tipp: Bei Schienen die Löcher mit der Ahle vorbohren. So entstehen keine «Laufmaschen», wenn man die Schiene anschraubt. Hat man den Teppich mit Klebeband fixiert, kann man gleich nach dem Verlegen Möbel daraufstellen.

5 Fliesen legen
Neue Plättli für Küche und Bad

Plättli sind pflegeleicht, dauerhaft und strapazierfähig. Auch Laien können sie verlegen, wenns nicht um allzu komplizierte Flächen geht. Das Wichtigste dabei: Viel Sorgfalt und das richtige Material.

Plattenbeläge sind vor allem für Bad und Küche ideal, weil sie unempfindlich, kratzfest und leicht zu reinigen sind. Pilzsporen, und Bakterien können sich nicht einnisten. Auch wer Wert legt auf einen speziell pflegeleichten Boden, fährt mit Fliesen bestens. Nachteil: Keramische Platten sind kalt. Dieses Manko lässt sich jedoch mit einer Fussbodenheizung beheben.

Die Vielfalt an Plattenbelägen für Wände und Böden ist beeindruckend. Es gibt Natursteinplatten, zum Beispiel aus Granit oder Marmor. Es gibt Zementplatten und Kunststeine. Und es gibt eine immense Palette an Keramikplatten in diversen Qualitäten, Farben und Grössen.

Die Preisunterschiede bei Plättli sind sehr gross. Für einen Quadratmeter zahlt man je nach Platte zwischen 9 und 100 Franken.

Plättlisorten und ihre Eigenschaften

Nicht jede Fliese ist für jeden Verwendungszweck gleich gut geeignet. Am gebräuchlichsten sind folgende Plattentypen:

- **Steingut:** Solche Platten sind nicht frostbeständig und relativ porös. Ihre Oberfläche ist deshalb stets glasiert. Sie lassen sich gut schneiden und eignen sich primär als Wandverkleidung in Innenräumen. In der sogenannten Hydrotect-Ausführung sind sie besonders leicht zu reinigen.
- **Steinzeug:** Diese Fliesen sind aus dichterem Material als Steingut. Man kann sie für Wände und

---

TIPPS

Wand- und Bodenplatten: Das ist beim Kauf zu beachten

- Beim Zuschneiden gehen immer einige Platten zu Bruch. Deshalb sollten Sie die Menge nicht zu knapp bemessen. Faustregel: Zehn Prozent mehr Platten kaufen, als man für die Wand oder den Boden benötigt. Auch später ist man froh um Reserve, wenn ein kaputtes Plättli ersetzt werden muss.
- Fliesen sind in Abriebklassen von 1 bis 5 eingeteilt. Je höher die Zahl, desto widerstandsfähiger ist die Oberfläche. Fürs Bad genügen in der Regel Plättli der Abriebklasse 2. Für stärker beanspruchte Böden, zum Beispiel im Flur und in der Küche, sollte man Platten der Klassen 3 oder 4 wählen. Letztlich bleibt es eine persönliche Entscheidung, welchen Qualitätsstandard man für nötig hält.
- Bodenplatten müssen möglichst rutschsicher sein – auch wenn sie nass sind. Die Rutschsicherheit einer Platte wird mit Bewertungsklassen von R9 bis R13 angezeigt. Je höher, desto rutschsicherer. Auch die Fugen haben einen Einfluss auf das sichere Begehen. Mehr Fugen bedeuten mehr Griffigkeit.
- Grosse Fliesen lassen einen Raum grösser scheinen. Mit kleinen Fliesen lassen sich Unebenheiten des Bodens einfacher ausgleichen.

Böden verwenden. Steinzeugfliesen sind hart, strapazierfähig, frostsicher und auch für Aussenräume (z. B. Terrasse) geeignet. Es gibt sie glasiert und unglasiert.

■ **Feinsteinzeug:** Die härtesten und teuersten Keramikfliesen für Böden und Wände sind aus Feinsteinzeug. Es gibt sie unglasiert in diversen Oberflächenvarianten (natur, poliert, satiniert, schieferartig etc.), aber auch glasiert. Sie sind sehr strapazierfähig und auch frostbeständig.

■ **Naturstein:** Marmor, Granit und Schiefer sind beliebte Gesteine für Fliesen. Der geschnittene Stein wird gebürstet, geschliffen und poliert. Doch Achtung: Natursteinplättli sind in der Regel heikler als Keramik. Säure – dazu gehören auch Säfte und Wein – kann Marmor und Schiefer verfärben. Deshalb sollte man alle Natursteinplatten mit einem Fleckenschutz imprägnieren.

■ **Mosaik:** Besonders im Badezimmer sind Mosaik-Fliesen beliebt. Sie werden aus Glas oder Keramik hergestellt. Natürlich muss man nicht jedes Steinchen einzeln an die Wand kleben. Die Mosaike sind auf einer netzartigen Unterlage bereits vorgefertigt erhältlich. Ein Vorteil gegenüber herkömmlichen Fliesen: Das Mosaik schmiegt sich jeder Form an – zum Beispiel um eine runde Wannen- oder Duschwand.

Wichtig: Für Mosaik-Fliesen aus Glas muss man weissen Fliesenkleber verwenden, der die Farbe der Steine nicht beeinflusst. Der Kleber schimmert nämlich durch.

IN DIESEM KAPITEL

- 66 Plättlisorten und ihre Eigenschaften
- 67 Fliesen legen – Schritt für Schritt: Untergrund vorbereiten
- 68 Fläche einteilen
- 69 Fliesenkleber anrühren
- 70 Fliesenkleber auftragen
- 70 Plättli anbringen
- 71 Fliesen brechen und zuschneiden
- 72 Plättli verfugen
- 72 Neue Fliesen auf alten Plättli
- 73 Silikonfugen
- 74 Bodenplatten legen
- 74 Kaputte Plättli ersetzen

Plättli legen: So wirds gemacht

Auch Laien können sich an Arbeiten mit Steingut- und Steinzeugfliesen wagen. Feinsteinzeugplatten hingegen lässt man mit Vorteil von einem Fachmann legen – zumindest bei verwinkelten oder von vielen Armaturen und Röhren durchbrochenen Flächen. Diese Platten sind sehr hart und schwierig zu schneiden, zu brechen oder mit Aussparungen zu versehen.

Wer Platten selber verlegen will, braucht vor allem eins: viel Sorgfalt. Sie ist bei jedem Arbeitsschritt gefragt. Wer zum ersten Mal Fliesen legt, fängt am besten mit einer kleinen Wandfläche an, die keine komplizierten Zuschnitte erfordert.

Untergrund vorbereiten

Damit die Plättli später gut haften, muss die Wand absolut sauber und eben sein. Alte Farbreste und Unebenheiten abschleifen, Risse

WERKZEUG UND MATERIAL

- Gummihandschuhe, Schutzbrille
- Klappmeter, Bleistift
- Wasserwaage
- Winkel/Lot
- Fliesenkreuze
- Maurerkelle, Zahnkelle (Zahnung je nach Plattengrösse)
- Gummihammer
- Fugengummi
- Schwamm(-brett)
- Eimer
- Bohrmaschine mit Rührstab
- Tiefengrund/Haftgrund
- Fliesenkleber
- Fugenmasse
- Fliesenschneider
- Fliesenzange (Papageienzange)
- Kronbohrer oder Lochboy
- Winkelschleifer
- Silikonkartusche
- Flüssigabdichtung für Nassbereiche

Tipp: Fragen Sie im Baumarkt, ob Sie einen Fliesenschneider und weiteres Werkzeug wie Fliesenzange und -lochgerät mieten können.

und Dellen mit Reparaturmörtel verspachteln und mit einer Latte oder mit der Wasserwaage eben abziehen.

- **Tiefengrund/Haftgrund:** Saugende Untergründe (z.B. Gipskarton, Verputz, Holz) muss man mit Tiefengrund vorbehandeln. Sonst zieht die Wand das Wasser aus dem Kleber und die Fliesen haften nicht fest an der Wand. Man trägt ihn mit einer Rolle auf.

Kommen die Plättli auf eine Betonwand oder auf bereits vorhandene Fliesen (siehe Kasten Seite 72), trägt man Haftgrund auf, damit der Kleber besser hält.

- **Nässeschutz:** Grundsätzlich sind glasierte Fliesen wasserabweisend. Aber durch Fugen und Ränder kann trotzdem Feuchtigkeit eindringen. Holz- oder Gipswände können dadurch beschädigt werden. Deshalb sollte man Flächen im Duschbereich und über der Badewanne vor dem Fliesen mit Flüssigabdichtung schützen. Wer ganz sicher gehen will, streicht damit alle Flächen im Bad.

Für Ecken, Kanten und Rohranschlüsse gibt es spezielle Dichtbänder und -manschetten. Alle Dichtmaterialien sind auch als Set erhältlich.

Fläche einteilen

Um die Plättli auch an Rändern und Ecken perfekt zu verlegen, sollte ein genauer Verlegeplan erstellt werden. Entscheidend dabei sind die Symmetrie und gerade Linien. Bei Wandflächen sollte man auf folgende Punkte achten:

- Die zugeschnittenen Plättlireihen am Rand zur linken und zur rechten Ecke sollten möglichst gleich breit sein.
- Horizontale Fugen sollten bündig zu Blicklinien wie Fenstersims, Badewannen- und Lavaborand verlaufen.
- Löcher für Armaturen auf Fugen und Plättliränder platzieren.
- Auf Mauer-Aussenkanten ganze Fliesen, Anschnitte dagegen in Ecken legen.

In der Praxis allerdings ist es oft nicht möglich, alle für eine ideale Einteilung relevanten Punkte zu berücksichtigen. Präzise Planskizzen können helfen, unter den verschiedenen Einteilungsvarianten die beste zu finden.

Wichtig: Die einzelnen Flächen müssen sehr genau ausgemessen werden. Vor allem in Altbauten sind Wände oben oftmals nicht genau gleich breit wie unten.

- Für einen exakten Verlauf der Reihen zeichnen Sie mit Bleistift und Wasserwaage eine horizontale Linie auf der Höhe der ersten Reihe. Anschliessend ziehen Sie mit Winkel oder Lot in der Mitte der Wand eine senkrechte Linie.
- Beim Plättlilegen können Sie grundsätzlich mit der obersten oder untersten Reihe beginnen. Wenn Sie oben beginnen: die erste Plattenreihe mit der Oberkante an der Hilfslinie ansetzen

Wenn Sie unten beginnen: über dem Boden waagerecht eine Richtlatte oder Aluschiene anbringen. Unten so viel Platz freilassen, dass durch das Zuschneiden von Fliesen eine schiefe Bodenfläche ausgeglichen werden kann.

Fliesenkleber anrühren

Wenn all diese Vorarbeiten abgeschlossen sind, können Sie den Fliesenkleber anmischen. Für jeden Untergrund und jede Fliesenart gibt es spezielle Kleber:

- **Standardkleber:** Besteht der Untergrund aus festem, schwingungsfreiem Material wie Beton genügt ein preisgünstiger Standardkleber.
- **Flexkleber:** Beigemischte Kunststoffe schwächen Spannungen im Untergrund ab. Deshalb eignen sich Flexkleber für Untergründe, die schwingen oder arbeiten. Flexiblen Kleber setzt man auch bei Bodenheizungen ein, weil der Kleber Temperaturschwankungen ausgleichen kann.
- **Natursteinkleber:** Marmor und Granit nehmen leicht Farbpigmente aus dem Kleber auf. Mit weissem Natursteinkleber verfärben sie sich nicht.
- **Dispersionskleber:** Anders als bei Pulverklebern sind Dispersionskleber gebrauchsfertig angerührt. Man spart damit Zeit. Aber sie sind teurer als Standardkleber.

Rühren Sie das Pulver nach Angaben des Herstellers mit Wasser an. Am einfachsten geht das mit einem Rührstab, den man als Vorsatz auf der Bohrmaschine montiert. Die Masse darf nicht zu zäh und nicht zu flüssig sein. Ideal ist eine breiige Konsistenz wie Quark oder Kuchenteig.

Vorsicht: Schützen Sie Hände und Augen vor Spritzern. Alle Baumaterialien auf Zementbasis sind ätzend.

Sobald der Kleber angerührt ist, müssen Sie zügig arbeiten. Jeder Kleber hat eine «offene Zeit», inner-

---

TIPP

Kleber sofort entfernen

Beim Auftragen von Kleber lässt es sich kaum vermeiden: Einige Kleckser geraten an die Wand oder auf die Oberfläche bereits verlegter Platten. Entfernen Sie Rückstände möglichst rasch mit einem feuchten Schwamm. Wenn der Kleber hart geworden ist, muss man ihn mühsam abkratzen.

Kleber auftragen

Nachdem eine horizontale und vertikale Hilfsline gezogen wurde, kommt der Kleber für die erste Fliesenreihe an die Wand.

- Geben Sie mit der Maurerkelle eine Portion Kleber auf die Zahnkelle und verstreichen sie die zähe Masse mit der flachen Seite der Zahnkelle.
- Danach den Kleber mit der gezahnten Seite der Kelle zwei bis dreimal durchkämmen, damit eine gleichmässige Rillenstruktur entsteht. Je steiler Sie die Kelle dabei halten, desto ausgeprägter die Rillen. Das kann von Vorteil sein, wenn der Untergrund kleine Unebenheiten hat. Diese werden beim Anbringen der Fliesen durch den Kleber ausgeglichen.

Faustregel: Nur so viel Fläche mit Kleber bestreichen, wie man innert zirka 10 Minuten mit Platten belegen kann.

Plättli anbringen

Jetzt gehts ans Verlegen der Plättli:
- Die erste Fliese mit der Kante an der Hilfslinie ansetzen und mit einer Kippbewegung leicht gegen die Wand drücken. Prüfen Sie mit der Wasserwaage, ob sie exakt waagerecht sitzt. Auf dem frischen Kleber lassen sich Fliesen verschieben. Nach der Korrektur mit der Faust leicht anklopfen. Unter dem Plättli darf kein Hohlraum sein.
- Die nächsten Fliesen mit einer Ecke direkt am benachbarten Plättli ansetzen, kurz andrücken und um Fugenbreite in die richtige Position rücken. Je grösser die

Kleber mit der gezahnten Kelle durchkämmen

Platte in die richtige Position drücken

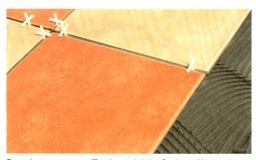

Fugenkreuze sorgen für einen gleichmässigen Abstand

halb der er verarbeitet werden muss (Hinweis auf der Verpackung beachten). Danach beginnt die Masse anzutrocknen und der Kleber wird unbrauchbar. Er kann auch durch Zugeben von Wasser nicht gerettet werden, da bereits chemische Prozesse im Gange sind.

Deshalb: Nur so viel Kleber anmischen, wie Sie in dieser Zeit verarbeiten können.

Platten, desto breiter die Fugen (3 bis 5 Millimeter). Damit der Abstand überall gleich gross ist, bringt man zwischen den Plättli Fugenhölzer oder Fliesenkreuze aus Plastik an.

■ Zuerst verlegt man die Fliesen von der vertikalen Linie in der Mitte zu den Wänden, dann arbeitet man Reihe um Reihe nach oben oder unten. Den exakten Verlauf immer wieder mit der Wasserwaage überprüfen.

Tipp: Verlegen Sie zuerst nur ganze Plättli. Erst zum Schluss Fliesen zuschneiden und die fehlenden Randstreifen kleben. Das geht viel schneller, als immer zwischendurch zum Fliesenschneider zu greifen. Falls der Kleber bereits anhärtet, mischen Sie neuen an.

Platten mit dem Gummihammer leicht anklopfen

Mit dem Schwammbrett Mörtel in die Fugen streichen

Fliesen brechen und zuschneiden

In den seltensten Fällen kann man alle Plättli ganz lassen. Meistens muss man an Ecken, Kanten und Rohranschlüssen die Plättli zuschneiden. Löcher und Aussparungen für Anschlüsse oder Installationen müssen angefertigt werden. Doch mit dem richtigen Werkzeug und etwas Übung funktioniert auch das. Wichtig: Schützen Sie ihre Augen mit einer Brille vor Keramiksplittern.

■ **Gerade Schnitte** macht man am besten von Hand mit dem Fliesenschneider. Damit lassen sich auch mehrere Fliesen zuverlässig gleich gross zuschneiden. Die Fliesen werden am Anschlag eingelegt, dann fährt man mit einem scharfen Metallrädchen mit Druck über

Mörtelreste mit einem feuchten Schwamm abwischen

die Fliese. Dabei wird die Oberfläche eingeritzt und es entsteht eine Sollbruchstelle. Mit der Brechvorrichtung lässt sich die Platte sauber brechen.

■ **Seitliche Aussparungen**, zum Beispiel für Armaturen, werden zuerst angezeichnet und mit der Fliesenzange (Papageienzange) von der Glasurseite her vorsichtig ausgebrochen. Die Fliesenleger be-

zeichnen das auch als «abknabbern».
- **Eckige Aussparungen** können Sie mit einem Winkelschleifer ausschneiden.
- **Löcher** bohrt man am einfachsten mit der Bohrmaschine und einer Diamant-Bohrkrone. Arbeiten Sie langsam und ohne Schlagwerk.

Bei Steingut- und Steinzeugplatten kann man auch mit einem Fliesenlochgerät (Lochboy) arbeiten: Spannen Sie das Gerät über die angezeichnete Stelle und ziehen Sie die Schraube fest an, um die Stelle einzuritzen. Danach schlagen Sie das Innere des Kreises mit einem spitzen Fliesenhammer heraus. Das Anritzen verhindert, dass das Plättli zerspringt.

Tipp: Alle Werkzeuge, die Sie benötigen, können Sie in Baumärkten mieten (siehe Kasten Seite 68).

TIPP

Neue Fliesen auf alten Plättli

Alte Plättli muss man nicht erst mühsam mit Bohrhammer und Meissel herausschlagen, bevor man neue Fliesen legt. Wenn die alten Kacheln noch gut haften, kann der Fliesenspiegel einfach mit neuen Fliesen überklebt werden.
- Mit einem Gummihammer und dem «Klopftest» lässt sich überprüfen, ob die alten Fliesen noch festsitzen. Wenn nicht, lose Teile entfernen und Lücken zuspachteln.
- Danach die alten Plättli gründlich reinigen. Der Untergrund muss eben, staub-, fettfrei und frei von Aufklebern oder Anstrichen sein.
- Dann einen speziellen Haftgrund mit Quarzsand auftragen. Er macht die Oberfläche griffig.
- Zum Kleben und Verfugen der neuen Plättli flexiblen Kleber und flexiblen Fugenmörtel verwenden.

Plättli verfugen

Nach etwa 24 Stunden ist der Kleber ausgehärtet und man kann die Fliesenwand verfugen. Vorher sollten jedoch alle Kleberrückstände sauber entfernt werden. Danach mischt man den Fugenmörtel nach den Angaben des Herstellers mit Wasser an. Dazu verwendet man wieder die Bohrmaschine mit dem Rührstab. Fugenmörtel gibt es in zahlreichen Farbtönen für unterschiedliche Plattenarten.
- **Flex-Fugenzement** eignet sich besonders für Keramikplatten,
- **Multiflex-Fugenmörtel** verwendet man für Mosaike und Natursteinplatten,
- **Allround-Fugenzement** kann man überall verwenden. Er ist jedoch etwas teurer als die anderen Fugenmassen.

Der dickflüssige Fugenzement wird mit dem Fugengummi auf die Fliesen aufgebracht und in die Fugen eingeschlämmt. Dazu verstreicht man ihn mit dem Fugengummi diagonal zum Fugenverlauf. Arbeiten Sie dabei abwechselnd von links nach rechts und umgekehrt. Oder verstreichen Sie den Mörtel mit einer Bewegung in Form einer 8. So füllen sich die Fugen bis zum Grund.

Nach einigen Minuten beginnt sich der Mörtel in den Fugen zu verfestigen. Auf den Fliesen bildet sich ein matter Schleier. Diesen wischt man mit einem grossen feuchten Schwammm oder mit dem Schwammbrett weg. Der Schwamm darf nicht zu nass sein, sonst wischen Sie den Mörtel wieder aus den Fugen. Drücken Sie den Schwamm immer wieder aus, um alle Zementreste von den Fliesen zu entfernen. Arbeiten Sie auch hier diagonal zum Fugenverlauf.

Nach mehrmaligem Abwischen bleibt nur noch ein feiner Belag auf der Oberfläche zurück. Sie können ihn mit einem trockenen Baumwolltuch abreiben.

Silikonfugen

Mit dem starr aushärtenden Fugenmörtel werden nur die Fugen zwischen den einzelnen Fliesen verfugt. Alle Anschlussfugen zwischen verschiedenen Bauteilen müssen mit elastischem Material – in der Regel Silkon – gefüllt werden. Da sich die Bauteile minimal bewegen können, würde eine starre Fuge reissen, ausbröckeln und schliesslich undicht werden.

Dehnungsfugen sind bei allen Übergängen nötig, wo Fliesen an andere Bauteile stossen. Also zum Beispiel:
- Zwischen Wand und Boden, zwischen Wand und Decke,
- in der Eckkante von zwei Fliesenwänden,
- zwischen Fliesen und Sanitärteilen (WC, Waschbecken, Dusche, Wanne),
- zwischen Fliesen und Türzargen, Küchenkombination und -schränken.

Dehnungsfugen im Sanitärbereich werden als «Dreiecksfugen» ausgeführt. Das heisst: Nicht nur die Fuge wird mit Dichtmasse gefüllt, sondern das Silikon sollte an den Fugenrändern um einige Millimeter überstehen.

Silikonfuge: Mit einem Fugenglätter oder mit dem Finger glatt streichen

- Die Silikonmasse presst man mit einer Kartuschenpistole in die Fugen. Diese müssen sauber und trocken sein. Reste von Fugenmörtel vorher mit einem Holzstäbchen oder Schraubenzieher auskratzen. Dann die Fuge beidseitig mit Klebeband abkleben (etwa 2 Millimeter Abstand halten). Dann spannen Sie die Kartusche in eine Kartuschenpistole, schneiden die Spitze der Kartusche schräg auf und fahren langsam und mit gleichmässigem Druck der Fuge entlang.
- Nach etwa 10 Minuten können Sie die Silkonmasse glätten. Dazu nehmen sie einen Fugenglätter oder einen Finger. Streichen Sie damit möglichst ohne abzusetzen der Fuge entlang. Am besten geht das, wenn Sie den Glätter oder den Finger vorher mit Seifenwasser anfeuchten.

■ Nach dem Glätten das Klebeband entfernen. Zum Schluss fahren Sie noch einmal mit dem angefeuchteten Finger zügig mit leichtem Druck über die Fuge, um kleine Kanten zu glätten, die das Klebeband hinterlassen hat. Die Masse 24 Stunden trocknen lassen.

Bodenplatten legen

Grundsätzlich verlegt man Bodenplatten gleich wie Wandfliesen. Es gibt jedoch einige Besonderheiten zu beachten:

■ **Boden vorbereiten:** Der Untergrund muss auch hier sauber und eben sein. Unter Umständen sind

---

TIPP

Kaputte Plättli auswechseln: So gehts

Schadhafte Fliesen lassen sich mit geeignetem Werkzeug relativ einfach austauschen. Vorsicht: Greift man direkt zu Hammer und Meissel, gehen unter Umständen weitere Plättli zu Bruch. Am besten verwendet man einen Winkelschleifer – speziell wenn man nur wenige Ersatzplättli vorrätig hat. Damit lassen sich die Fugen rund um das beschädigte Plättli sauber ausfräsen. Anschliessend können Sie die Fliese mit Hammer und Meissel sicher herausschlagen ohne andere Plättli zu beschädigen.

Zum Befestigen der Plättli verwenden Sie am besten Flexkleber, zum Verfugen flexiblen Fugenmörtel – damit können Sie kaum etwas falsch machen.

1 Mit einem Winkelschleifer rings um die Fliese die Fugen einschneiden. Danach die Fliese mit Hammer und Meissel herausschlagen.

2 Den Untergrund abschleifen. Es muss eine ebene Fläche entstehen. Sämtliche Staub- und Mörtelreste mit dem Staubsauger entfernen.

3 Jetzt können Sie Fliesenkleber mit einem Zahnspachtel auftragen und die neue Fliese einsetzen.

4 Danach wird verfugt: Mit einem kleinen Gummischaber bringen Sie den Fugenmörtel ein. Reste mit Wasser und Schwamm abwischen.

Schleif- und Spachtelarbeiten nötig. Besonders bei einer grossen Fläche kann folgende Methode viel Arbeit sparen:

Bereiten Sie den Boden mit Fliessspachtel vor. Man rührt ihn nach Angaben des Herstellers mit Wasser an und giesst ihn direkt aus dem Eimer auf den Boden. Die Masse nivelliert sich selbst aus und ist nach dem Trocknen plan. Damit keine Luftblasen entstehen, rollt man mit einer Stachelrolle über den nassen Belag. So wird der Fliessspachtel entlüftet.

- **Fliesen auf Holz:** Auf Holz, im Aussenbereich oder anderen nicht starren Untergründen, sollten Sie zuerst eine Entkoppelungsplatte montieren. Die Platte gleicht Spannungen aus und verhindert, dass Fliesenkleber, Fugen oder Platten reissen. Entkoppelungsplatten gibt es auch mit Trittschalldämmung (Renovierungsplatten). Diese kosten rund 25 Franken pro Quadratmeter.
- **Einteilung der Flächen:** Gehen Sie von der längsten Wand aus oder von Dehnungsfugen im Boden. Teilen Sie die Fläche in rechtwinklige Felder ein. Ein Feld soll so gross sein, dass Sie es in einem Arbeitsgang mit Platten belegen können.

Tipps beim Verlegen:
- Verlegen Sie die Platten Feld für Feld Richtung Ausgang, sodass Sie nicht auf den frisch verlegten Boden treten müssen. Mit der Wasserwaage prüfen Sie, ob die Platte eben aufliegt. Grossformatige Platten können Sie mit einem Gummihammer sanft in die richtige Lage klopfen.
- Achten Sie auf ein harmonisches Gesamtbild: Die Randplatten sollten auf beiden Seiten gleich breit sein. Zudem sollten die Bodenfugen am Fugenverlauf der Wandfliesen ausgerichtet werden. Sie können die Platten vorher auch probehalber auslegen, um zu sehen, ob die Verteilung symmetrisch stimmig ist.
- Starke Bodenplatten lassen sich eventuell nicht mehr mit dem Fliesenschneidegerät brechen. Dann schneidet man sie mit dem Winkelschleifer. Oder man ritzt sie auf der Glasurseite an und trennt sie, indem man mit dem Fliesenhammer vorsichtig auf die Rückseite klopft.
- Beim Fliesenlegen im Aussenbereich (Terrasse, Balkon) sollte der Untergrund mindestens 10 Grad warm sein. Bei tieferen Temperaturen haftet der Kleber nicht richtig. Achtung: Der Boden kann kälter sein, obwohl das Thermometer mehr als 10 Grad anzeigt.

5 Plättli legen

6 Sanitär-Arbeiten
Neuer Glanz für für Küche und Bad

Der Spültrog in der Küche ist zerkratzt, das Lavabo hat einen Riss und die Wasserhähne glänzen längst nicht mehr. Geschickte Heimwerker können Abhilfe schaffen. Ganz mutige bauen sogar selber eine neue Badewanne ein.

Viele Heimwerker scheuen sich vor Arbeiten im Sanitärbereich. Denn man könnte ja mit einem Fehlgriff einen Wasserschaden produzieren… Doch diese Angst ist unbegründet. Man muss nur den Wasserzufluss sperren, bevor man sich an Wasserhahnen und Armaturen zu schaffen macht.

Unter dem Spülbecken in der Küche und unter dem Lavabo befinden sich jeweils zwei Eckventile für Kalt- und Warmwasser. In Bädern sind diese meist mit einer Schutzkappe aus Metall abgedeckt. Diese Ventile müssen Sie schliessen. Damit ist die Wasserzufuhr unterbrochen. Drehen Sie danach den Hahn auf, bis die Leitung leer ist – dann kann das Werken beginnen.

Hausbesitzer können auch den Hauptwasserhahn im Keller oder Heizungsraum schliessen.

Armaturen ersetzen

Spätestens wenn das Chrom matt geworden ist und das Messing durchschimmert, ist es Zeit für einen neuen Wasserhahn. Auch Laien können alte Armaturen abschrauben und neue einbauen. Das Hauptproblem dabei: Bei Hahnen am Lavabo sind die Schrauben oft schwer zugänglich. Ein Spezialwerkzeug – der Standhahn-Mutterschlüssel – erleichtert diese Arbeit. Ein solcher Schlüssel kostet ca. 30 Franken. Eventuell können Sie auch einen ausleihen.

Werkzeug und Material: Schraubenzieher, Gabelschlüssel, Kombizange, Rohrzange; eventuell Metallsäge, Standhahn-Mutterschlüssel.

So gehen Sie vor:

■ Zuerst die Hebestange der Abflussmechanik lösen (falls vorhanden), dann die Überwurfmuttern der Anschlussrohre an den Eckventilen abschrauben.

■ Danach an der Unterseite des Waschbeckens die Mutter der Armatur lösen. Unter Umständen ist diese Mutter schwer zugänglich. Mit dem Standhahn-Mutterschlüssel lässt sie sich einfach lösen.

■ Wer keinen solchen Spezialschlüssel besitzt, kann das Waschbecken abmontieren, um besser an die Mutter der Armatur zu gelangen. Dazu löst man an der Unterseite des Waschbeckens die

Armatur abschrauben: Besonders einfach, wenn der Hahn an der Wand sitzt

Muttern an den zwei Stockschrauben. Das geht auch mit einem Gabelschlüssel.

- Wenn die Muttern gelöst sind, kann man das Waschbecken abnehmen (siehe Text rechts). Tipp: Arbeiten Sie zu zweit. Dann kann der Helfer das schwere Waschbecken halten und von den langen Stockschrauben in der Wand ziehen.
- Danach kann man die alte Armatur nach oben herausziehen. Bei flexiblen Anschlussschläuchen geht das sehr einfach. Falls der Hahn über starre Anschlussrohre verfügt, müssen Sie vor dem Herausziehen zuerst die Rohre gerade biegen. Das geht in der Regel von Hand.
- Vor dem Einbau der neuen Armatur legt man zuerst eine weiche Dichtungsscheibe über die obere Öffnung im Becken. Dann kann man den neuen Wasserhahn einsetzen. Achten sie darauf, dass die Armatur gerade sitzt.
- Nun noch die Dichtung über das Gewinde schieben und – falls vorhanden – die Metallscheibe. Danach den Hahn mit der Befestigungsmutter fixieren.
- Zum Schluss wird der neue Wasserhahn mit den Eckventilen verbunden. Flexschläuche vereinfachen die Montage erheblich, denn sie sind biegsam und müssen nicht gekürzt werden. Gehören aber normale Anschlussrohre zur Armatur, muss man diese biegen, und allenfalls mit einer Metallsäge passend kürzen. Vorsicht: Die Rohre nur leicht krümmen, nicht umknicken!

IN DIESEM KAPITEL

76 Armaturen ersetzen
77 Neues Lavabo einbauen
79 Neues Spülbecken für die Küche
80 Geschirrspüler und Waschmaschine anschliessen
81 Dusch- und Badewanne einbauen

Neues Lavabo einbauen

Mit den Jahren kann ein Lavabo ganz schön mitgenommen aussehen. Aggressive Reinigungsmittel setzen der Keramik zu. Oder ein harter Gegenstand fällt ins Lavabo und beschädigt es.

Einfache Waschbecken sind im Baumarkt schon für unter 100 Franken zu haben. Ganze Renovationssets mit kleinen, einfachen Waschbecken, passender Armatur und Anbauteilen gibt es schon ab 200 Franken.

Für den Kauf eines Waschbeckens ist aber nicht nur der Preis, sondern auch die Grösse massgebend. Der Platz vor dem Becken bis zum Lavaborand, sollte mindestens 60 Zentimeter betragen. Die Höhe vom Boden bis zur Oberkante beträgt 82 bis 86 Zentimeter.

Der Austausch ist einfach. Von Vorteil ist die Hilfe einer zweiten Person, da Waschbecken schwer sind und man nur von unten an die Halteschrauben herankommt.

Werkzeug und Material: Bohrmaschine mit Steinbohrer, Rohrzange, Gabelschlüssel, Stockschrauben-Set, Sanitärkitt, Silikon, Wasserwaage, Massstab, Spachtelmasse, Spachtel.

6 Sanitär-Arbeiten

TIPP

Günstige Sanitär-Artikel

Armaturen und andere Sanitär-Artikel kosten unter Umständen im Ausland deutlich weniger als in der Schweiz. Wenn man nicht unbedingt auf edle Markenprodukte aus ist, bekommt man aber auch in den Baumärkten günstige Armaturen.

Armaturen für Lavabos gibt es schon ab knapp 50 Franken. Prüfen Sie, ob auch eine Ablaufgarnitur mit Exzenterventil und Siphon im Montageset enthalten ist.

Preisgrenzen nach oben gibt es kaum. Ein Design-Wasserhahn einer speziellen Marke kann schnell einmal 400 Franken und mehr kosten.

So gehen Sie vor:

- Zuerst entfernen Sie das alte Waschbecken. Dazu löst man die Anschlussrohre von den Eckventilen, und den gesamten Siphon. Dann sind die beiden Haltemuttern an der Beckenrückwand an der Reihe. Diese löst man mit einem Gabelschlüssel, während die Hilfsperson das Becken festhält und von den Stockschrauben zieht.
- Danach legt man die Befestigungspunkte für das neue Waschbecken fest. In den meisten Fällen wird es nötig sein zwei neue Stockschrauben zu setzen. Dies bedeutet: Man muss neue Löcher in die Fliesen bohren.
- Zuerst die alten Stockschrauben herausschrauben und die Löcher verspachteln. Danach zeichnet man zwischen den Eckventilen eine senkrechte Linie an und markiert mit Hilfe der Wasserwaage die neuen Bohrlöcher.
- Die Löcher für die Schrauben bohrt man ohne Schlagwerk mit einem Steinbohrer in die Fliesen (siehe Tipps Seite 24).
- Um die Dübel zu versenken, müssen die Löcher mindestens 90 Millimeter tief sein. Hat man das Plättli ohne Schlag durchbohrt, schaltet man darum je nach Untergrund das Schlagwerk zu. Dann die Dübel einstecken, Stockschrauben fest eindrehen und fertig ist die Aufhängung.
- Es empfiehlt sich, die Armatur vor dem Montieren des Waschbeckens einzubauen (siehe Seite 76 f.). In Baumärkten gibt es komplette Montagesets bestehend aus Dübeln, Stockschrauben und Schutzscheiben (siehe Kasten links).
- Das Waschbecken setzt man am besten zu zweit auf die Schrauben. Um Unebenheiten der Wand auszugleichen, wird vorgängig die Beckenrückwand rundherum mit einem Streifen Silikon in der passenden Farbe versehen. Wichtig: Die Schrauben gefühlvoll anziehen. Keramik bricht unter Spannung leicht.
- Zum Schluss verbindet man die Anschlussrohre mit den Eckventilen (siehe Seite 77) und setzt den Siphon wieder ein. Der Einlauf des Siphons muss mit Sanitärkitt abgedichtet werden.
- Bevor sie ein Schränkchen unter das Waschbecken stellen, sollten Sie testen, ob alle Verbindungen dicht sind.

Spülbecken in der Küche einbauen

Der Einbau eines neuen Spülbeckens ist auch für Heimwerker machbar, sofern die Arbeitsplatte aus Holz oder einem anderen sägbaren Material besteht. Das Bearbeiten und die Montage von Platten aus Naturstein überlässt man hingegen den Profis.

Küchen-Spülbecken gibt es in zahlreichen Ausführungen. Die einfachste, platzsparendste Form besteht nur aus einem Rundbecken. Solche Spülen erhält man schon für weniger als 100 Franken. Wie beim Einbau des Lavabos im Bad ist auch für den Einbau einer Spüle eine helfende Hand von Vorteil. Eine Arbeitsplatte lässt sich nämlich alleine kaum tragen.

Werkzeug und Material: Bohrer, Holzbohrer, Stichsäge, Holzböcke, Silikon, Bleistift, Massstab, Gabelschlüssel; eventuell Metallbohrer, Lochstanze, Dichtungsstreifen.

Aussparung für Spüle aussägen

- Zuerst den Ausschnitt für die Spüle einzeichnen. Messen Sie genau: Im Idealfall sitzt das Spülbecken direkt über dem Spülschrank. Zudem darf die Aussparung in der Arbeitsplatte nicht zu gross und nicht zu klein geraten.
- Bei neuen Spülen wird manchmal eine Schablone aus Karton mitgeliefert. Andernfalls kann man auch das neue Becken als Schablone verwenden. Man legt es einfach umgedreht am richtigen Ort auf die Arbeitsplatte und zeichnet mit einem Bleistift die Aussenkontur nach.

Becken einsetzen: Silikon verhindert, dass Wasser unter den Rand läuft und das Holz beschädigt

- Zeichnen Sie dann das Innenmass ein. Es liegt ungefähr 10 Millimeter weiter innen als die Aussenkontur. Entlang diesem zweiten Umriss sägt man dann die Aussparung für die Spüle.
- Als Nächstes bohren Sie innerhalb des Umrisses in den Ecken vier Löcher. Hier können Sie die Stichsäge ansetzen.
- Zum Sägen platzieren Sie die Platte auf zwei Holzböcken. Die rauen Sägekanten glättet man mit Schleifpapier oder einer Feile.
- Zum Schluss verschraubt man die Arbeitsplatte mit den Unterschränken. Damit kein Wasser zwischen Platte und Wand eindringen kann, dichtet man den Spalt mit Silikon ab (siehe Seite 73).

Spüle einsetzen

- Bei manchen Spülbecken ist der Rand bereits mit einer Gummidichtung versehen. Wenn dies nicht der Fall ist, müssen Sie dünne, selbstklebende Dichtungsstreifen anbringen. Diese verhindern, dass Wasser unter den Rand läuft und das Holz beschädigt.

■ Wer noch mehr Sicherheit will, dichtet die Rahmenunterseite vor dem Einsetzen zusätzlich mit Silikon ab. Vorher schraubt man die Armatur in die Spüle ein (siehe Seite 76 f.). Dazu ist ein Loch mit einem Durchmesser von rund 35 Millimetern nötig. Bei neuen Spülen ist dieses Loch oft bereits ausgestanzt.

■ Wenn nicht, bohrt man zuerst ein Loch und vergrössert es dann mit einer Lochstanze. Dieses Werkzeug ist allerdings teuer. Fragen Sie im Baumarkt oder im Sanitär-Geschäft, ob Sie eine Lochstanze ausleihen können. Mit einem Schraubenschlüssel dreht man die beiden Teile einer Lochstanze gegeneinander. Ist das Loch ausgestanzt, bringt man an der Unterseite ebenfalls Dichtungsstreifen an.

■ Hat man die Armatur befestigt, kann man die Spüle in die Arbeitsplatte einsetzen und mit den beiliegenden Montagekrallen befestigen.

■ Wie beim Waschbecken muss man nun alle Elemente des Siphons zusammenschrauben und alle Anschlüsse mit den Eckventilen verbinden (siehe Seite 77).

Geschirrspüler und Waschmaschine anschliessen

Egal ob frei stehend oder eingebaut, das Anschliessen eines Geschirrspülers oder einer Waschmaschine funktioniert stets gleich. Wenn man weiss, welcher Schlauch wohin kommt, ist es ganz einfach.

Material und Werkzeug: Schraubenzieher, eventuell Wasserstoppventil.

So gehen Sie vor:

■ An der Rückseite des Gerätes findet man einen grauen und einen weissen Schlauch sowie ein Stromkabel. Der weisse Schlauch ist für den Frischwasserzulauf, der graue fürs Abwasser.

■ Der graue Abwasserschlauch wird mit dem Siphon der Spüle verbunden, der weisse Schlauch mit dem Eckventil für Kaltwasser.

■ Nachdem man den grauen Schlauch aufgesteckt hat, fixiert man ihn zusätzlich mit einer Metallschelle, damit auch bei Druck sicher kein Wasser austreten kann. Wichtig: Die Schläuche beim

---

TIPPS

Wasser sparen in Küche und Bad

Wer beim Wasser spart, schont Umwelt und Geldbeutel. Die wichtigsten Tipps:

■ **Energie-Label:** Sparbrausen mit «Energy»-Label verbrauchen bis zu 50 Prozent weniger Wasser und Energie. In Küche und Bad Einhebel-Wassermischer mit Mengen- und Warmwasserbremse verwenden. In der Dusche Thermostatmischer einbauen.

■ **Abwaschen:** Ein gefüllter Geschirrspüler ist in Haushalten mit mehr als drei Personen ökologisch eher besser als ein Abwasch im Becken.

■ **Duschen statt baden:** Das braucht viel weniger Warmwasser. Ausserdem ist Duschen dreimal günstiger als ein Bad.

■ **Die richtige Temperatur:** Mit auf 60 Grad eingestelltem Warmwasser spart man Energie und reduziert Kalkablagerungen in Boiler und Leitungen. Zudem ist man bei Wasser ab 60 Grad sicher vor Legionellen-Bakterien, die eine gefährliche Lungenentzündung (Legionärskrankheit) auslösen können.

Anschliessen nur leicht biegen, nicht umknicken.

■ Wenn beim Geschirrspüler kein Wasserstopp-Mechanismus eingebaut ist, schliesst man den weissen Schlauch mit Vorteil an ein separates Wasserstoppventil an. Man schraubt es dann an das Eckventil. Das Wasserstoppventil verhindert eine Überschwemmung bei einem Defekt im Zulauf.

Badewanne und Duschwanne einbauen

Etwas aufwendiger ist das Einbauen von Wannen, da man diese nach dem Anschliessen einmauern und mit Fliesen verkleiden muss (siehe Seite 66 ff.).

Wannen kann man auf zwei Arten einbauen: mit Wannenfüssen oder mit einem Wannenträger aus Hartschaum. Zudem gibt es auch kombinierte Produkte: Wannenträger mit Füssen. Auch Duschwannen kann man mit einem Wannenträger oder auf Füssen einbauen.

Beide Systeme haben Vor- und Nachteile: Mit einem Wannenträger aus Schaumstoff erhält man gleichzeitig einen schall- und wärmedämmenden Mantel, den man einfach mit Plättli verkleiden kann. Stellt man die Wanne auf Füsse und mauert sie anschliessend mit Planblocksteinen ein, erhält man einen fast unzerstörbaren Mantel, und man kann die Breite der Ablage frei gestalten. Dafür ist deutlich mehr Arbeit nötig.

Wannenträger aus Hartschaum kosten je nach Grösse und Ausführung zwischen 300 und über 1000 Franken. Montagesets mit Über- und Ablaufgarnitur sowie Fussgestell gibt es ab 130 Franken. Hinzu kommen noch Kosten für Steine, Mörtel und Fliesen.

Bei beiden Einbauarten gilt: Der Untergrund muss fest, sauber und vor allem eben sein. Und: Die Flächen um die Wanne herum müssen vor dem Fliesen mit Flüssigabdichtung gestrichen sein (siehe Seite 68). So ist der Untergrund vor Nässe geschützt. Die Übergänge zur Wand dichtet man mit Sanitärsilikon ab (siehe Seite 73).

Einbau mit Wannenträger

■ Zuerst sägt man mit einer Handsäge aus dem Hartschaumträger ein Loch für den Wasserabfluss und eine Revisionsöffnung. Diese Öffnung ist wichtig, wenn man später einmal Arbeiten am Abfluss verrichten muss. Platzieren Sie die Revisionsöffnung so, dass sie mit einer Hand gut an den Ablauf herankommen.

■ Zeichnen Sie nun die Konturen des Trägers in der richtigen Posi-

---

MATERIAL UND WERKZEUG

- Wasserwaage, Bleistift
- Badewannenträger oder Wannenfüsse,
- Ablaufset
- Zargenschaum
- Planblocksteine
- Betonsäge, Handsäge
- Dünnbettmörtel, Schnellzement
- Sanitärsilikon
- schalldämmendes Wannenprofilband
- zusätzlich Material zum Fliesenlegen (siehe Seite 68)

tion auf dem Boden nach. Danach befestigt man den Wannenträger mit zwei Streifen Mörtel auf dem leicht angefeuchteten mineralischen Boden oder alternativ mit Zargenschaum.

■ Bevor man die Wanne einsetzt, muss man den Überlauf, den Abfluss und den Siphon montieren. Dazu dreht man die Wanne um und legt sie zum Schutz auf eine Decke oder einen Karton. Der Siphon darf später nicht auf dem Boden aufsetzen.

■ Danach kann man die Wanne einsetzen, mit der Wasserwaage ausrichten und den Abfluss mit dem Fallrohr verbinden. Das Gefälle sollte zwei bis drei Zentimeter betragen. Kürzen Sie das Verbindungsrohr entsprechend. Ein zu steiles Gefälle ist nicht besser. Im Gegenteil: Schneller fliessendes Wasser begünstigt Ablagerungen.

■ Richten Sie die Wanne auf dem Träger so aus, dass auf jeder Seite Platz für Fliesen bleibt. Während der Schaum austrocknet, ist es sinnvoll, die Wanne zu beschweren.

■ Bevor Sie am Wannenträger Fliesen anbringen, sollten Sie mit Wasser prüfen, ob die Rohrverbindungen dicht sind.

Wichtig: Badewannen aus Metall sollten von einem Elektriker geerdet werden.

Einbau mit Füssen

■ Zuerst montiert man den Über- und Ablauf an der umgedrehten Wanne. Dann befestigt man die Füsse nach Herstellerangaben entweder mit Klebe-Pads oder Kunststoffsaugnäpfen.

■ Nun richtet man die Wanne mit der Wasserwaage aus. An den Stellschrauben der Füsse kann man drehen, bis die Wannenränder waagerecht liegen. Auf Ränder, die an eine Wand stossen, klebt man ein schalldämmendes Wannenprofilband.

■ Ist die Wanne ausgerichtet, fixiert man die Füsse am Boden mit einer Portion Schnellzement. Man kann die Wanne zusätzlich mit Winkeln mit der Wand verschrauben. So verrutscht garantiert nichts mehr.

■ Nun können Sie den Siphon mit dem Abfluss verbinden und testen, ob alles dicht ist.

■ Zum Schluss wird die Wanne eingemauert. Dazu verwendet man am besten Planblocksteine. Diese sind schmal und können mit einer Betonsäge zugeschnitten werden. Zudem kann man die Steine mit fertig angerührtem Dünnbettmörtel verkleben.

■ Die Oberfläche anschliessend mit Tiefengrund streichen und fliesen (siehe Seite 66 ff.)

6
Sanitär-Arbeiten

7 Malen und tapezieren
Räume gestalten mit Farbe und Tapeten

Ein frischer Anstrich oder eine neue Tapete – und schon sieht ein Raum ganz anders aus. Wer selber zu Pinsel und Kleister greift, braucht dafür keinen teuren Handwerker. Mit etwas Geschick kann jeder Wand und Decken selber renovieren.

Mit Farbe und Tapeten kann man schnell und günstig seine eigenen vier Wände umgestalten. Welche Farben und Muster man wählt, ist letztlich Geschmackssache. Doch grundsätzlich sollte man sie dosiert einsetzen. Denken Sie langfristig und folgen Sie nicht leichtsinnig einem Modetrend. Wer auch später beim Einrichten viel Spielraum haben will, der lässt die Wände weiss oder streicht sie in einem dezenten Farbton.

Farben beeinflussen das Wohngefühl

Farben sind ein sehr wirkungsvolles und einfaches Mittel, um die «Grundstimmung» in einem Raum zu verändern. Je nachdem vergrössern oder verkleinern sie optisch den Raum, beeinflussen die Atmosphäre und sogar das Temperaturempfinden und die Stimmung der Bewohner. Allgemein gilt:

- Helle Farben lassen Räume grösser und höher scheinen; dunkle Farben senken die Zimmerdecke optisch ab; helle, kühle Farben an den Seiten und dunkle Stirnwände erzeugen den Eindruck von zusätzlicher Breite.
- Warme Farben wie Rot-, Orange- und Gelbtöne schaffen Nähe und eine persönliche, gemütliche Atmosphäre. Sie wirken anregend und aktivierend. Sie sind geeignet für Räume in Richtung Norden und für Zimmer, wo man häufig sitzt.
- Kühle Farben wie Blau- und Grüntöne schaffen Distanz und vermitteln den Eindruck von Sachlichkeit und Funktionalität. Sie wirken beruhigend, kühlend und erfrischend. Sie eignen sich für Räume mit viel Sonneneinstrahlung und für Räume, die zum Entspannen dienen.

TIPP

Die Wirkung der Farben testen

Um nicht nach dem Anstrich unliebsame Überraschungen zu erleben, sollte man testen, wie die Farbe im Raum wirkt:

- Bemalen Sie ein Stück dickes Papier oder die Rückseite einer Tapete mit der Wunschfarbe. Befestigen Sie das Muster in der Mitte der vorgesehenen Wand. Nun können Sie die Wirkung der Farbe bei verschiedenen Lichtverhältnissen und aus unterschiedlicher Distanz prüfen.
- Auf einigen Webseiten können Sie diverse Musterräume per Mausklick farblich verändern. So erhalten Sie einen Eindruck, wie sich die Farbgestaltung auf den Raum auswirkt.

www.farbqualitaet.de
www.alpina-farben.de
www.schoener-wohnen-farbe.de

- Helle Farben wirken leicht und freundlich, vermitteln den Eindruck von Weite und lassen Räume grösser erscheinen. Empfehlenswert daher für kleine Räume.
- Dunkle Farben wirken begrenzend, einengend, können aber auch Geborgenheit vermitteln. Sie lassen Wände mehr hervortreten und verkleinern Räume optisch.

Intensive Farben dosiert einsetzen

Mit intensiven Farben lassen sich interessante Effekte erzielen, wenn die Akzente sparsam gesetzt werden. Aus diesem Grund sollten dunkle oder kräftige Farben nicht vollflächig eingesetzt werden. Sie eignen sich eher für kleine Flächen. Eine graue Wandfläche hinter dem Sofa kann edel wirken, der ganze Raum in Grau wirkt düster und beklemmend.

Zudem verändert sich die Wirkung jeder Farbe durch die Kombination mit anderen Farben. Deshalb sollte man von Anfang an den ganzen Raum planen (siehe Kasten links). Damit kräftige Farbtöne nicht allzu aufdringlich wirken, kann man eine zweite Farbe auch anderswo im Raum einsetzen, etwa bei den Vorhängen, bei Polstermöbeln oder beim Teppich.

Farbe kaufen: Gute Qualität zahlt sich aus

Wände streichen ist einfach. Wenn man sich aber zu wenig Zeit für die Vorbereitungen nimmt und am falschen Ende spart, ist Frust programmiert. Rappenspalterei lohnt sich beim Farbenkauf nicht. Geben Sie lieber etwas mehr aus und wählen Sie eine hochdeckende Farbe. So macht das Malen deutlich mehr Spass. Wenn eine Billigfarbe nach dem ersten Anstrich nur ungenügend deckt, ist ein zweiter Anstrich oder sogar ein dritter nötig. Das ist nicht nur zeitraubend, sondern kostet auch zusätzliches Material.

Die Preisunterschiede für einen 10-Liter-Eimer Innendispersion sind sehr gross. Teilweise gibt es Farben bereits unter 10 Franken, teure Farben kosten bis zu 70 Franken. Auf dem Eimer ist jeweils die Deckkraft in vier Stufen angegeben. Klasse 1 steht für die stärkste Deckkraft.

Matte Farben kaschieren Fehler in Oberflächen. Ansonsten gilt: Je glänzender, desto unempfindlicher. Allerdings reflektieren glänzende Farben das Licht.

In der Regel ist auf dem Eimer angegeben, für wie viele Quadratmeter die Farbe reicht. Ansonsten fragen Sie im Geschäft nach.

IN DIESEM KAPITEL

- **84** Raumgestaltung mit Farben
- **85** Farbe kaufen: Gute Qualität zahlt sich aus
- **86** Welche Farbe auf welchen Untergrund?
- **86** Farben für jeden Wohnbereich
- **87** Problematische Inhaltsstoffe in Farben
- **88** Vorarbeiten: Abdecken, Wände vorbereiten
- **89** Der neue Anstrich: Zügig pinseln und rollen
- **90** Maltechniken mit besonderem Effekt
- **92** Tapeten: Dekorative Wandbekleidung
- **94** Anleitung: Wände tapezieren
- **98** Wände verzieren mit Tattoos, Schablonen und Stempel

---

7 Malen und tapezieren

Wenn Sie einen dunklen Untergrund streichen, müssen Sie mit zwei Anstrichen rechnen. Eventuell sind sogar drei Durchgänge nötig. Kaufen Sie darum genügend Farbe ein. Ungeöffnete Farbeimer von Standardfarben werden in der Regel von den Baumärkten zurückgenommen.

Farbtöne kann man zwar selber mischen, dies ist allerdings nicht immer ganz einfach. In der Regel sind für die gewünschte Farbe mehrere Grundtöne nötig, und das Ergebnis ist nicht immer so, wie man es sich vorgestellt hat. Einfacher ist es, den gewünschten Farbton beim Kauf mischen zu lassen. Dieser Service wird mittlerweile von den meisten Baumärkten angeboten. So kann man die Wunschfarbe später nachkaufen. Reicht hingegen bei einer selbstgemischten Farbe die Menge nicht, dann haben Sie ein echtes Problem. Denn es wird nicht gelingen, den genau gleichen Farbton nochmals nachzumischen.

Welche Farbe auf welchen Untergrund?

Damit der neue Anstrich optimal haftet, sollte man möglichst die gleiche Farbe wie beim alten Anstrich verwenden. Zum Beispiel Dispersion auf Dispersion, Leimfarbe auf Leimfarbe. Um welche Farbe es sich handelt, erkennen Sie, wenn Sie mit dem nassen Finger über den bestehenden Anstrich reiben.

- **Leimfarbe:** Wenn auf dem Zeigefinger schmierig-kreidige Farbe zurückbleibt, ist es Leimfarbe. Sie eignet sich für Decken und wenig strapazierte Wände. Leimfarbe be-

---

TIPPS

Passende Farben für jeden Wohnbereich

Bei der Wahl einer bestimmten Farbe entscheiden hauptsächlich die persönlichen Vorlieben. Doch es gibt Farben, die sich für bestimmte Wohnbereiche besonders gut eignen:

- **Eingangsbereich:** Geeignet sind helle Töne und kühle Pastellfarben. Flure sind häufig eng, dunkle Farben lassen sie noch enger erscheinen.
- **Wohnzimmer:** Hier sind warme Farben zu empfehlen. Ocker, Beige, Umbra oder Orange strahlen Wärme und Gemütlichkeit aus. Wenn viele Möbel im Wohnzimmer stehen, sollte man die Farbe dosiert einsetzen. Also beispielsweise nur eine Wand streichen – zum Beispiel hinter dem Sofa.
- **Esszimmer/Küche:** Frische Farbtöne wie Gelb, Grün, Hellgrün, Orange, Rot (als Akzent, zum Beispiel in Kombination mit Weiss) sind günstig.
- **Schlafzimmer:** Farbtöne in zartem Pastell, Blau in verschiedenen Nuancen. Blau kühlt, entspannt und gleicht aus. Auch Grüntöne können beruhigend wirken.
- **Kinderzimmer:** Kindgerecht muss nicht unbedingt knallbunt heissen. Auch Pastelltöne eignen sich. Gelb fördert die Konzentration und den Lerneifer. Rot hingegen macht unruhig und reizbar.
- **Bad:** Ideal sind Weiss, gebrochen weisse Farbnuancen und kühle Blautöne.
- **Arbeitszimmer:** Vorteilhaft sind zarte Gelb- und Grüntöne. Blau fördert die Konzentration, Gelb/Orange wirkt kommunikativ und fördert die Kreativität.

steht aus Zellulose, Leim und Kreide. Positiv: Leimfarbe dünstet keine flüchtigen organischen Stoffe aus.

■ **Dispersion:** Wenn nichts oder nur wenig haften bleibt, ist es Dispersion. Sie eignet sich für strapazierte Wände in Kinderzimmern, Wohnräumen und Korridoren. In Innenräumen werden am häufigsten Dispersionen auf Wasserbasis verwendet: Dispersionen gibt es mit verschiedenen Zusätzen wie Latex und Quarzsand. Latex macht die Farben wasserabweisend und scheuerbeständig, Quarzsand verleiht Struktur. Kleine Risse oder Unebenheiten im Untergrund kann man damit kaschieren.

■ **Kalkfarbe:** Färbt sich der Finger stark – je feuchter, desto stärker –, handelt es sich um Kalkfarbe. Sie ist nicht abriebfest und eignet sich nur für wenig benutzte Räume wie Keller. Vorsicht: Nasse Kalkfarbe ist alkalisch und reizt die Haut. Darum beim Auftragen Handschuhe und Schutzbrille tragen.

Dasselbe gilt auch für Silikatfarbe. Diese enthält einen Anteil Kunstharz und ist deshalb widerstandsfähiger. Kalk- und Silikatfarbe wirken aufgrund ihres pH-Wertes fungizid und antibakteriell, greifen aber Metallteile an. Darum sollte man diese vor dem Streichen gut abdecken.

Problematische Inhaltsstoffe meiden

Farben und Lacke enthalten alle dieselben Grundzutaten: Unlösliche Pigmente sorgen für den Farbton. Füllstoffe machen den Anstrich strapazierfähig, Bindemittel bilden den eigentlichen Lackfilm. Und schliesslich sorgen Lösungsmittel dafür, dass die Farbe streichfähig wird – und nach dem Auftragen trotzdem möglichst schnell trocknet.

Wasser als Lösungsmittel ist unproblematisch, andere Stoffe können aber Allergien auslösen oder stehen sogar im Verdacht, Krebs zu erregen. Je schneller die Farbe trocknet, desto höher ist der Anteil an heiklen Lösungsmitteln. Und auch je mehr Zusatzschutz eine Farbe verspricht (z. B. «resistent gegen Schimmel und Feuchtigkeit»), desto mehr schädliche Stoffe sind darin enthalten. Das Problematische daran: Selbst Jahre nach dem Anstreichen können Farben immer noch geringe Mengen an Giftstoffen freisetzen.

Auch Ökofarben können Beschwerden auslösen, wenn jemand auf einen natürlichen Inhaltsstoff allergisch reagiert. Trotzdem sind

---

FRAGE

Wie streiche ich ein verrauchtes Zimmer?

Ich möchte Wände und Decke in meinem Wohnzimmer vom Nikotin reinigen und neu streichen. Wie soll ich vorgehen?

Am besten streichen Sie Decke und Wände mit Nikotinsperre-Dispersion. Die Tapete kann überstrichen werden, sofern sie noch gut haftet. Leider ist Nikotinsperre-Dispersion nur in Weiss erhältlich. Falls Sie einen farbigen Anstrich wollen, müssen Sie zuerst mit Isolierfarbe und dann mit farbiger Dispersionsfarbe streichen.

Öko- und Biofarben für gesundheitsbewusste Heimwerker die bessere Wahl. Sie enthalten Naturharze statt Erdölprodukte und als Lösungsmittel dienen Wasser oder nachwachsende Rohstoffe wie Orangenschalenöl. Solche Farben sind im Fachhandel erhältlich. Das vom WWF mitgetragene Label «Natureplus» erleichtert die Auswahl. Die bekanntesten Marken für Ökofarben sind Auro, Biofa und Aquamarin.

Die Vorarbeiten: Abdecken und Wände vorbereiten

Bevor es ans Streichen geht, sind zuerst einige Vorarbeiten zu erledigen:

- Zuerst räumt man das Zimmer aus, das man streichen will. Allenfalls ist es auch möglich, die Möbel in die Mitte des Raumes zu rücken und alles abzudecken, was nicht mit Farbe in Berührung kommen soll. Dazu können Sie Folien verwenden, die es in unterschiedlichen Stärken gibt. Sehr dünne Folien sind nur zum Abdecken der Möbel geeignet, für den Fussboden sollten Sie dickere Folien oder Packpapier verwenden.
- Fensterrahmen und Türzargen mit Maler-Kreppband abkleben.
- Sockelleisten, Lichtschalter- und Abdeckungen von Steckdosen schraubt man am besten ab (vorher die Sicherung herausdrehen). Man könnte diese Teile zwar auch mit Malerband abkleben, doch das ist in der Regel aufwendiger als die Schraubarbeit.

Grundsätzlich kann man auf verputzten und tapezierten sowie bereits gestrichenen Wänden malen. Der Untergrund sollte jedoch sauber und tragfähig sein.

- Testen Sie mit einem Stück Klebeband, ob der alte Anstrich noch haftet. Auch alte Tapeten müssen tragfähig sein. Lose Stellen, zum Beispiel an den Rändern, müssen vor dem Streichen festgeklebt werden. Löcher spachtelt man zu, Nägel und Schrauben müssen entfernt werden.
- Entfernen Sie Schmutz und Staub mit einer trockenen Bürste. Waschen Sie anschliessend die Wände mit einem feuchten Schwamm ab. Fettflecken oder Schimmel rückt man mit Salmiak- beziehungsweise Javelwasser zu Leibe.
- Gut haftende Tapeten können Sie mit Dispersion überstreichen. Haftet die Tapete aber schlecht, müssen Sie diese entfernen.
- Unverputzte Wände müssen vor dem Anstrich grundiert werden, sonst saugt die Wand zu viel Farbe auf.
- Bei bemalten Holzwänden muss man allenfalls den alten Anstrich mit einem Schwingschleifer an-

MATERIAL UND WERKZEUG

- Abdeckfolie für Boden und Möbel
- Maler-Kreppband
- Teleskopstange
- Abstreifgitter
- Flachpinsel
- Farbroller
- Spachtelmasse
- Spachtel
- Bürste, Schwamm

schleifen und den Staub danach sorgfältig absaugen. Achtung: Tragen Sie beim Schleifen eine Atemschutzmaske der Klasse P2 oder höher. Der Feinstaub von alten Anstrichen kann gesundheitsschädliche Stoffe wie Schwermetalle enthalten.

Der neue Anstrich: Zügig pinseln und rollen
Wenn im Raum alles abgedeckt ist und alle benötigten Materialien bereitstehen, kann die eigentliche Malerarbeit beginnen.

■ Öffnen Sie den ersten Eimer und rühren Sie die Farbe mit einem Rührwerk, einem alten Schneebesen oder Schraubenzieher kräftig durch. Giessen Sie dann etwas Farbe in eine kleinere Farbwanne und setzen Sie das Abstreichgitter hinein. Mit der Farbwanne lässt sich bequemer arbeiten, als die Farbe direkt aus dem Eimer zu entnehmen.

■ Wenn der ganze Raum gestrichen werden soll, beginnen Sie mit der Decke. Am bequemsten und sichersten geht das mit der Rolle, die Sie an einer Teleskopstange befestigen.

■ Streichen Sie als Erstes immer Ecken und Kanten zwischen Wand und Decke. Diese Arbeit erledigt man mit einem Flachpinsel.

■ Zum Auftragen der Farben verwendet man Farbroller mit Bezügen aus Lammfell oder Perlon. Tauchen Sie den Roller leicht in die Farbe ein (niemals ganz!) und rollen Sie damit über das Ab-

---

TIPPS

Beim Streichen Durchzug vermeiden

■ Streichen Sie bei offenem Fenster. Durchzug ist jedoch zu vermeiden, sonst trocknet die Farbe zu schnell. Lüften Sie Räume nach einem Anstrich während der ersten zwei Wochen regelmässig und gründlich. Damit lassen sich allfällige Schadstoffe in der Raumluft vermindern.

■ Tragen Sie zum Malen nur alte Kleider, auf die Sie verzichten können. Setzen Sie eine Kopfbedeckung auf. Getrocknete Farbe lässt sich meist nur sehr schwer aus Haaren und Textilien auswaschen.

■ Neue Farbroller nehmen nur widerwillig Farbe auf. Man kann die Saugfähigkeit erhöhen, indem man den Roller zuerst leicht anfeuchtet. Neue Pinsel verlieren oft Borsten. Ziehen Sie die Pinsel vor dem Malen über Schleifpapier. So bleiben lockere Haare hängen.

■ Waschen Sie alles Malerwerkzeug nach der Arbeit unter lauwarmem Wasser gründlich aus. So können Sie Rollen, Pinsel und Abstreifgitter problemlos mehrfach verwenden.

■ Bringen Sie nicht mehr benötigte Farbe in den Fachhandel zurück. Die Entsorgung ist für Private gratis. Wollen Sie etwas Farbe aufbewahren, sollten Sie eine Haushaltfolie über den Kübel spannen und erst dann den Deckel aufsetzen. Grundsätzlich gilt: Farbreste gut verschlossen, trocken, kühl, aber nicht unter fünf Grad lagern. So kann Dispersion etwa zwei Jahre aufbewahrt werden.

---

7 Malen und tapezieren

streichgitter. Dadurch wird die Farbe gleichmässig auf der Rolle verteilt und tropft weniger.

- Damit keine unschönen Farbübergänge entstehen, ist ein zügiges Arbeiten notwendig. Während Sie pinseln und rollen, muss die bereits aufgetragene Farbe noch feucht sein. Man bezeichnet diese Arbeitsweise als «nass in nass».
- Am einfachsten gelingen perfekte Oberflächen, wenn man zu zweit malt. Einer pinselt Ecken und Kanten, der andere rollt unmittelbar danach die Flächen.
- An den Wänden können Sie genau gleich vorgehen wie an der Decke. Machen Sie keine längere Pause, bis eine grössere Fläche fertig ist.
- Zügig arbeiten bedeutet nicht, dass Sie mit der Rolle in einem Höllentempo über die Fläche fahren sollen. Je langsamer Sie abrollen, desto weniger spritzt die Farbe. Rollen Sie abwechslungsweise in senkrechten und diagonalen Bahnen nass in nass. So erzielt man eine optimale Deckung. Mit einer kleineren Rolle kann man vergessene Stellen ausbessern.
- Ziehen Sie das Maler-Kreppband ab, bevor die Farbe ganz trocken ist. Wartet man zu lange, kann es sein, dass man mit dem Abdeckband auch Teile der Farbe abreisst.
- Schatten und Streifen auf den gestrichenen Flächen sollten mit dem Trocknen verschwinden. Ist dies nicht der Fall, muss man die gesamte Fläche nass in nass nachbearbeiten, damit keine sichtbaren Ansätze entstehen.

Maltechniken mit besonderem Effekt

Mit Roller und Pinsel erreicht man gleichmässige Farbanstriche. Wer experimentierfreudig ist, kann auch andere Maltechniken ausprobieren

Wisch- oder Lasurtechnik

Bei dieser Technik arbeitet man am besten zu zweit: Eine Person trägt mit dem Roller die Farbe grosszügig auf. Die andere gibt dem Anstrich mit einem Wischhandschuh, einem Pinsel, einer Bürste oder einem Schwamm eine wellen- oder kreisförmige Struktur. So entstehen weiche, fliessende Oberflächen.

Je mehr nicht deckender Lasur-Schichten man übereinanderlegt, desto mehr Tiefenwirkung erhält

die Wand. Der Anstrich wirkt ruhiger, wenn man nicht zu stark kontrastierende Farbtöne übereinanderlegt.

Arbeiten Sie zügig, denn wenn die erste Schicht trocken ist, geht der Effekt verloren.

Wickeltechnik

Lebhafte, markante Strukturen schafft man mit einem zusammengewickelten Hirschleder, alten Tüchern oder anderen Textilien. Das Material darf nicht fusseln.

Zuerst streicht man die Fläche in dem gewünschten Farbton und lässt den Anstrich trocknen. Dann nimmt man den Lappen, legt ihn in die Farbschale, drückt ihn gut aus, knautscht ihn zusammen und rollt oder wickelt damit über die Wand. Ob das Muster feiner oder gröber wird, hängt von der Struktur und der Grösse des Lappens ab.

Tragen Sie nicht zu viele Schichten auf, sonst wird der Effekt zu unruhig. Man kann mit deckenden Farben oder Lasuren arbeiten. Man kann Ton in Ton arbeiten oder mit Kontrasten spielen.

Schwammtechnik

Wolkig wird eine Wand, wenn man mit einem Schwamm Farbe auf eine Grundfarbe auftupft. Zuerst streicht man die Fläche mit der Grundfarbe. Danach tupft man mit einem feuchten Naturschwamm einen anderen Farbton darauf.

Für die Schwammtechnik kann man deckende Farben oder Lasuren verwenden. Damit es nicht zu

bunt wird, testet man vorgängig eine Kombination auf einem Brett oder Papier aus. Den Effekt kann man variieren, je nachdem wie grobporig ein Schwamm ist. Oder man nimmt einen Schaumstoffroller und zupft verschiedene Stellen aus dem Roller heraus. Dann kann man eine Struktur auf die Grundfarbe aufrollen.

Struktur- und Dekoputze

Eine andere Möglichkeit, Wände zu gestalten, sind Reibe- oder Strukturputze. Diese gibt es bereits fertig angerührt farbig oder weiss in Eimern zu kaufen. Für Anfänger am einfachsten aufzutragen sind Streich- oder Rollputze. Einmal

aufgerollt, bringt man anschliessend mit einem Strukturroller oder frei mit dem Pinsel verschiedene Muster in den Putz.

Reibe- oder Strukturputze mit unterschiedlicher Körnung hingegen trägt man mit der Glättekelle auf. Zuerst trägt man den Putz auf der ganzen Wand auf, dann bringt man Struktur auf die Oberfläche. Je nachdem ob man mit kreisenden Bewegungen, waagerecht oder senkrecht streicht, entsteht eine andere Struktur. Das Auftragen mit der Kelle ist anspruchsvoller, als Putz aufzurollen.

7 Malen und tapezieren

Tapeten: Dekorative Wandbekleidung

Die meisten modernen Tapeten sind reissfest und waschbeständig. Und vor allem lassen sich die Tapetenbahnen leicht von Hand wieder ablösen. Damit ist der sprichwörtliche Tapetenwechsel sehr einfach. Tapeten haben zudem einige Vorteile im Vergleich zu gestrichenen Wänden:

■ Zimmer lassen sich innert einem Tag komplett umgestalten.
■ Die Gestaltungsmöglichkeiten sind vielfältiger als bei einem Anstrich. Denn es stehen unzählige Muster und verschiedene Materialien zur Auswahl.
■ Tapeten sind hygienischer als Farbe: Alte Wandbeläge lassen sich samt Rückständen entfernen. Beim Neuanstrich wird der angesammelte Schmutz hingegen meist bloss unter einer Farbschicht abgedeckt.
■ Sehr viele Tapeten sind stossfest. Eine Staubsaugerkante oder ein Stuhlbein kann sie kaum beschädigen.
■ Wer ein Zimmer tapeziert, muss mit ähnlich hohen Kosten rechnen wie fürs Streichen – bei exklusiven Tapeten kann es sogar viel teurer werden. Doch in der Regel ist Tapezieren schneller und sauberer. Ausserdem riecht Tapezierleim weniger stark als frische Farbe.

Für Haustierbesitzer können Tapeten hingegen einen Nachteil haben: Katzen merken schnell, dass sich diese Art von Wandbekleidung ideal zum Krallenwetzen eignet. Und: Die Wände vor dem Tapezieren müssen im Gegensatz

So wirken Muster und Farben

Eine Tapete kann den Charakter eines Raums stark beeinflussen. Doch man muss sich dabei bewusst sein: Eine schillernde Metallic-Tapete oder ein wildes Popart-Muster verändert einen Raum drastisch. Was auf einem kleinen Tapetenmuster noch interessant wirkt, kann auf einer ganzen Wand des Guten zu viel sein. Beachten sollte man deshalb bei der Auswahl Folgendes:

■ Waagrechte Muster oder eine dunkel tapezierte Decke lassen Räume niedriger wirken. Umgekehrt verleihen senkrecht verlaufende Muster oder eine hell tapezierte Decke einem Raum optisch mehr Höhe.
■ Ein kleines, aber auch ein eher dunkles Zimmer sieht grösser aus, wenn die Wände unifarben hell oder kleingemustert tapeziert sind.
■ Grosse Tapetenmuster in kleinen Räumen wirken unruhig und können das Zimmer überfrachten. Wer dennoch nicht darauf verzichten möchte, kann zum Beispiel eine einzelne Wand mit dem Muster gestalten.
■ Grosse Räume wirken kleiner, wenn die Tapete starke Farben oder grosse Muster aufweist. Auch ein diagonal verlaufendes Muster verkleinert einen Raum optisch.
■ Bei der Farbwahl sollte man die vorhandenen Einrichtungsgegenstände einbeziehen. Wer beispielsweise stark gemusterte Möbelstoffe oder Teppiche hat, sollte eine eher ruhige Tapete wählen – und umgekehrt.

zum Malen nicht nur trocken und tragfähig, sondern auch glatt sein. Auf rauem Putz hält keine Tapete.

Vliestapeten: Einfach zu verarbeiten – schnell abgelöst

Das zurzeit am häufigsten verwendete Tapetenmaterial ist Vlies. Das natürliche Material aus Zellstoff- und Textilfasern ist sehr strapazierfähig, verformt sich kaum und enthält weder Lösemittel noch Formaldehyd. Auch wenn eine Vliestapete während Jahren an der Wand geklebt hat, lässt sie sich einfach von Hand abziehen.

Mit Vliestapeten lassen sich Wände am einfachsten umgestalten. Auch für Heimwerker sind sie praktisch: Fürs Tapezieren muss man nur die Wand einkleistern und nicht jede einzelne Tapetenbahn (siehe Seite 95 f.).

Mit Vlies als Grundschicht sind der individuellen Tapetengestaltung kaum Grenzen gesetzt. Spielen lässt sich nicht nur mit Farben, Mustern und Prägungen. Vlies lässt sich auch mit verschiedenen Materialien beschichten. Etwa mit Jute, Leinen, Baumwolle, Wolle und Seide.

Raufaser- und Papiertapeten: Wenig gefragte Klassiker

Immer weniger beliebt ist der einstige Tapetenklassiker, die Raufasertapete. Ihre typische Struktur stammt von den Holzfasern, die in Papierschichten eingearbeitet sind. Die Tapete ist robust und kann mehrmals überstrichen werden.

Auch normale Papiertapeten ohne Holzfasern werden von den praktischen Vliestapeten immer mehr verdrängt.

Raufaser- und Papiertapeten sind in der Regel günstiger, aber weniger strapazierfähig und einiges heikler anzubringen als Wandverkleidungen aus Vlies.

Spezialtapeten: Auf Schadstoffe achten

Es gibt aber auch Tapeten mit einer besonders widerstandsfähigen Kunststoffschicht, Tapeten mit Textilanteil, Metalltapeten oder geprägte Tapeten.

Aus ökologischer Sicht zieht man Tapeten mit Leimdruck Pro-

TIPP

Tapetenmenge berechnen

Das genaue Berechnen der Tapetenmenge ist kompliziert. Wie viele Rollen man braucht, hängt von der Raumgrösse und der Länge einer Rolle ab. Eine Vliestapete ist gemäss Europa-Norm 0,53 Meter breit und 10,05 Meter lang. Zu berücksichtigen ist aber auch, ob man beim Zuschnitt der Bahnen auf ein wiederkehrendes Muster achten muss.

Im Internet findet man eine Vielzahl an kostenlosen Tapetenrechnern, zum Beispiel unter www.bauspezi.de/ratgeber/bauen-und-renovieren/tapetenrechner.

Man kann sich auch an folgende Faustregel halten:
- **Vliestapeten** (Länge 10 Meter): Raumumfang mal Raumhöhe dividiert durch 5 = Anzahl Rollen.
- **Raufasertapeten** (Länge 33 Meter): Raumumfang mal Raumhöhe dividiert durch 17 = Anzahl Rollen.

Bei diesen Regeln ist der Verschnitt schon mitgerechnet. Um ganz sicher zu gehen, kauft man besser eine Rolle zu viel. Schneiden Sie zu Hause nicht alle Rollen auf. In der Regel können Sie überzählige Rollen ins Geschäft zurückbringen, wenn sie noch nicht geöffnet sind. Fragen Sie beim Kauf nach (Kassenzettel aufbewahren).

dukten mit Normal- oder Hochglanzdruck vor. Der Grund: Tapeten mit Leimdruck sind vergleichsweise schadstoffärmer.

Wer Schadstoffe vermeiden will, verzichtet auch auf Vinyl-, Thermo- und Profil-Schaumtapeten. Diese Produkte gasen heikle Stoffe wie Weichmacher aus.

Unproblematisch sind Textiltapeten aus Naturfasern. Achtung, Tapeten mit Wollfasern können mit Mitteln gegen Motten behandelt sein. Für Hausstauballergiker sind Textiltapeten nicht geeignet, da sich auf der Oberfläche Staub ablagert.

Wände tapezieren: So wirds gemacht

Tapezieren ist keine Hexerei. Besonders einfach gehts mit Vliestapeten. Etwas komplizierter ist die Arbeit bei Papier- und Raufasertapeten. Doch mit guter Vorbereitung und folgender Anleitung sollte auch das gelingen.

Zimmer vorbereiten

Räumen Sie das Zimmer leer und decken Sie den ganzen Fussboden ab. Entfernen Sie die Sockelleisten und montieren Sie Abdeckungen von Steckdosen und Lichtschaltern ab. Schrauben Sie zuvor aber die Sicherung heraus. Der Strom sollte abgeschaltet bleiben, bis Sie mit dem Tapezieren fertig sind.

Tipp: Während des Tapezierens Zugluft vermeiden und die Heizung nicht hochdrehen. Wenn der Kleister schneller trocknet als die Tapete, kann sich diese von der Wand ablösen. Nach vier bis fünf Stunden kann man ein Fenster einen Spalt breit öffnen, um die Luftfeuchtigkeit zu senken.

Wände vorbereiten

■ Alte Tapeten müssen vor dem Tapezieren entfernt werden. Dafür benötigt man eine Stachelwalze (Tapetentiger). Mit diesem Werkzeug durchlöchert man die Tapete, dann befeuchtet man sie mit einem Schwamm und löst sie mit einem Spachtel Stück für Stück ab. Wenig Spülmittel im Wasser kann das Ablösen erleichtern.

Gehen Sie bei dieser Arbeit behutsam vor. Wenn der glatte Untergrund beschädigt wird, müssen Sie Kerben, Dellen und Risse danach wieder zuspachteln.

In sehr hartnäckigen Fällen kann ein Dampfablöser helfen. Falls nötig, können Sie ein solches Gerät in Baumärkten oder einem Tapetenfachgeschäft mieten.

■ Wasserdurchlässige Tapeten kann man auch mit speziellen Ablösemitteln entfernen. Man trägt das Produkt ein- oder zweimal auf und lässt es einwirken (Herstellerangaben beachten). Danach löst man mit einem Spachtel die obere oder untere Kante und zieht die Tapete möglichst in einem Stück ab. Vorteil: Man braucht die Tapete vorher nicht zu perforieren. Achtung: Tapetenlöser kann die Haut reizen. Tragen sie bei der Arbeit Gummihandschuhe.

■ Bevor man mit Tapezieren loslegen kann, muss die Wand trocken, fest und glatt sein. Unebenheiten müssen Sie abschleifen,

Löcher und Spalten mit Gipsspachtel füllen.

■ Damit die neue Tapete gut klebt, muss man stark saugende Wänden zuerst mit einem Tiefengrund behandeln. Sprühen Sie etwas Wasser auf die Wand. Wird sie schnell dunkel, saugt sie Feuchtigkeit zu stark auf. Tragen Sie die Grundierung mit einem Roller auf. Es gibt auch Kleister mit beigemischter Grundierung. Dann entfällt dieser Arbeitsschritt.

■ Markieren Sie mit Hilfe des Senklots eine exakt senkrechte Hilfslinie, an der Sie die erste Tapetenbahn ausrichten können.

Bahnen zuschneiden

Am besten schneidet man vor dem Kleistern einige Tapetenbahnen zu. Schneiden Sie die Bahnen immer 5 bis 10 cm länger zu, als Sie diese brauchen. Der Überstand wird am Schluss sauber abgeschnitten.

Bei Uni-Tapeten oder solchen mit ansatzfreien Mustern (z. B. Längsstreifen) können Sie die Bahnen fortlaufend von der Rolle schneiden. Bei Mustern mit geradem oder versetztem Ansatz müssen Sie beim Zuschneiden auf das wiederkehrende Muster der Tapete achten.

Sie können ein ständig neues Abmessen vermeiden, wenn Sie die erste zugeschnittene Tapetenbahn als Muster für weitere Zuschnitte benutzen.

Einkleistern

Rühren Sie den Tapetenkleister gemäss Angaben auf der Packung

MATERIAL UND WERKZEUG
- Abdeckfolie
- Tapeziertisch
- Bockleiter
- Klappmeter
- Bleistift
- Stachelwalze (Tapetentiger)
- Teppichmesser
- Grosse Schere
- Tapezierschiene
- Kleisterpinsel
- Massbecher
- Eimer
- Umrührstab
- Schwamm
- Senklot
- Tapezierbürste
- Malerspachtel
- Metallspachtel, breit
- Moosgummirolle
- Nahtroller

an und lassen Sie ihn einige Minuten quellen. Für manche Tapeten brauchts Spezialkleber. Befolgen Sie die entsprechenden Herstellertipps.

Von der Art der Tapete hängt auch das weitere Vorgehen ab.

■ **Bei Vliestapeten** kommt der Kleister direkt an die Wand. Tragen Sie ihn jeweils etwas breiter als eine Tapetenbahn mit einem kurzflorigen Kleisterroller satt auf.

Dann können Sie die erste Tapetenbahn entlang der Hilfslinie zuerst mit den Händen andrücken und danach mit einem Moosgummi-Roller glätten.

Die weiteren Bahnen setzen Sie jeweils exakt Rand an Rand (Stoss an Stoss). Die Kanten zwischen den Bahnen mit dem Nahtroller gut andrücken. Kleisterflecken mit

Löcher ausspachteln

Kleister anrühren

Bahnen zuschneiden

Tapete einkleistern

Bahn falten, einweichen lassen

Überstand abschneiden

einem feuchten Schwamm abwischen, bevor sie eintrocknen.

■ **Bei Raufaser- oder Papiertapeten** wird nicht die Wand, sondern die Tapetenbahn eingekleistert. Als Unterlage ist ein langer Tapeziertisch ideal, notfalls kann man aber auch auf einem gewöhnlichen Tisch oder auf dem Boden kleistern – die Unterlage vorher jedoch mit Folie abdecken.

■ Tragen Sie den Kleister mit dem grossen Kleisterpinsel gleichmässig auf und verstreichen Sie ihn von der Mitte zu den Seiten. Auch die Ränder müssen gleichmässig mit Kleister bedeckt sein.

■ Dann schlägt man die Enden der eingekleisterten Bahn nach innen ein – dabei ist die eine eingeschlagene Seite etwa doppelt so lang wie die die andere. Die so gefaltete Tapete locker zusammenrollen und ruhen lassen, damit sie einweichen kann. Das dauert etwa 10 bis 15 Minuten.

■ Während die erste Bahn einweicht, können Sie die nächste einkleistern. Die Einweichzeit variiert je nach Material und Dicke der

Tapete. Beachten Sie dazu die Angaben des Herstellers. Achten Sie auch darauf, dass die Bahnen möglichst alle gleich lange einweichen, bevor sie an die Wand kommen.

Tapeten anbringen

■ Falten Sie den längeren Teil der zusammengelegten Bahn auf und bringen Sie die Bahn mit etwas Überstand zur Decke in die richtige Position. Nun entfalten Sie die Bahn vorsichtig nach unten. Achten Sie darauf, dass der Seitenrand mit der Markierungslinie exakt übereinstimmt.

Dann streichen Sie die Tapetenbahn von oben nach unten und von der Mitte zu den Rändern vorsichtig mit einer Tapezierbürste fest. Falten Sie dann den kürzeren Teil auf und bürsten Sie das untere Ende der Bahn ebenfalls an.

Zum Andrücken von Tapeten mit empfindlicher Oberfläche sollten Sie statt der Tapezierbürste eine Rolle aus Moosgummi benutzen.

■ Beim Anbringen der weiteren Bahnen können Sie sich einfach an der ersten Bahn orientieren. Trotzdem sollten Sie von Zeit zu Zeit mit dem Lot die korrekte Ausrichtung der Bahnen überprüfen. Die Nähte zwischen den Tapetenbahnen können Sie mit dem Nahtroller glatt streichen.

■ Für einen sauberen Abschluss drückt man die Tapete mit der Tapetenschiene oder einem breiten Spachtel satt in die Ecke zu Boden und Decke, dann schneidet man die Überlänge mit einem Teppichmesser entlang der Kante ab. Genau gleich passt man die Tapete an Tür- und Fensterrahmen an.

Ecken meistern

Man setzt eine Tapetenbahn nie direkt in der Zimmerecke an, sondern tapeziert über die Ecke. Am einfachsten geht das so: Schneiden Sie die Bahn, mit der Sie die Zimmerecke erreichen, in der Breite so zu, dass sie etwa 1 bis 2 Zentimeter über die Ecke reicht. Der Rest der Bahn beziehungsweise die nächste Bahn wird nun an der neuen Wand wieder ausgelotet und so angesetzt, dass sie den schmalen Eckstreifen überlappt.

Öffnungen freilegen

Tapezieren Sie die Öffnungen für Steckdosen und Lichtschalter zunächst einfach zu. Wenn die Bahn trocken ist, können Sie die Öffnungen mit dem Teppichmesser vorsichtig freilegen. Achten Sie darauf, dass Sie nicht mehr von der Tapete wegschneiden, als Steckdosen und Schalter abdecken.

Nach Abschluss aller Arbeiten sollte man das Zimmer nicht sofort einräumen. Möbel und Bilder

---

TIPP

Tapete nach eigener Vorlage

Lust auf exklusive Wände? Lassen Sie sich eine Tapete mit einem eigenen Sujet bedrucken: Vom Ferienfoto bis zum selbst gestalteten Muster lässt sich jedes Motiv mit Digitaltechnik auf die Tapete übertragen. Für das individuelle Bedrucken muss man mit Kosten von etwa 50 Franken pro Quadratmeter rechnen. www.juicywalls.com/de

sollten erst an die Wand, wenn die Tapete völlig trocken ist. Während des Trocknens darf der Raum weder stark beheizt noch von Zugluft durchströmt werden, weil sonst die Nähte aufplatzen könnten.

Wände verzieren: Tattoos, Schablonen, Stempel

Es muss nicht immer ein neuer Anstrich oder eine neue Tapete sein. Einfacher – und auch preisgünstiger – ist es, eine Wand mit Mustern aufzupeppen. Dafür gibt es drei Möglichkeiten: Wand-Tattoos, Schablonen und Stempel.

Die Voraussetzungen sind stets die gleichen: Geeignet sind qualitativ gute Tapeten (Vorsicht bei Tattoos auf Papiertapeten!) und Wände mit feinem Abrieb. Der Grund: Beträgt die Körnung im Abrieb mehr als einen Millimeter, können sich beim Schablonieren oder Stempeln Körnchen aus der Wand lösen. Das würde das Motiv beeinträchtigen. Bei den Wand-Tattoos kann Luft unter die Klebefolie gelangen, das Motiv löst sich dann bereits nach kurzer Zeit wieder ab.

Wand-Tattoos

Wand-Tattoos sind im Prinzip nichts anderes als Aufkleber für die Wand oder Tapete. Meist ist das Motiv auf eine Selbstklebefolie aufgedruckt. Daher sind die Tattoos auch unter dem Namen «Wand-Sticker» bekannt. Erhältlich sind die Tattoos in den meisten Möbelhäusern, Baumärkten und auch in spezialisierten Shops im Internet.

Das Gute daran: Mit der selbstklebenden Folie lassen sich auch feine Schriften und Ornamente in

---

TIPPS

Erste Hilfe bei Tapeten-Problemen

■ **Luftblasen:** Wurde die Bahn nicht komplett eingekleistert oder nicht genügend glatt gestrichen, bilden sich Luftblasen. Mit einer Injektionsspritze (aus der Apotheke) kann man sie anstechen und mit Kleister füllen.

■ **Kleisterpfützen:** Pfützen von Kleister können sich als Beulen auf der Tapete abzeichnen. Diese ritzt man mit dem Teppichmesser an, drückt den Kleister heraus und wischt das überschüssige Material mit einem sauberen Tuch weg.

■ **Lose Tapeten:** Wurde die Tapete zu wenig eingekleistert, kann sie sich lösen. Man nimmt sie von der Wand und kleistert sie noch einmal ein. Nützt das auch nichts, muss man die Wand mit Grundierung behandeln.

Sind nur einzelne Ränder lose, kann man mit einem kleinen Pinsel Kleister darunterstreichen und die Ränder mit der Nahtrolle anpressen.

■ **Fugen zwischen den Bahnen:** Hat man an den Rändern zu wenig Kleister aufgetragen, bilden sich später Fugen zwischen den Bahnen, weil sich beim Trocknen das Material zusammenzieht. Das kann vor allem bei Raufasertapeten passieren. Nachträglich kann man nichts dagegen tun. Allenfalls hilft es, die Fugen sorgfältig mit Reparaturspachtelmasse zu füllen und glatt zu spachteln.

wenigen Minuten an die Wand zaubern. Auch ist es ganz einfach, die Tattoos wieder abzulösen, wenn einem das Motiv nicht mehr gefällt. Der Untergrund nimmt dabei keinen Schaden.

Das Angebot an Motiven ist riesig: So gibt es Bordüren, Blumen, Kochrezepte, Sinnsprüche, Musiknoten, Märchensujets oder Ornamente. Bei einigen Anbietern im Internet ist es sogar möglich ein eigenes Motiv oder einen eigenen Schriftzug hochzuladen.

Es gibt auch Folien, die man wie eine Wandtafel mit Kreide bemalen kann, und Sticker aus verschiedenen Materialien wie Jute, Satin, Velours und Metall. Wer selbst kreativ sein möchte, kann vorgefertigte Motive mit einer Schere leicht abändern.

Wandtattoos kosten je nach Grösse und Motiv unter 50 Franken, bis zu mehreren 100 Franken.

Übrigens: Selbstklebende Motive gibt es auch für Fliesen und Türen. Besonders mit Fototapeten lassen sich teilweise überraschende räumliche Effekte erzielen. Zum Beispiel, wenn sich die Zimmertür in einen Holzsteg verwandelt, der ins Wasser führt.

Schablonen

Dekorative Muster lassen sich auch mit Hilfe von Schablonen an die Wand bringen. Am einfachsten geht das mit vorgefertigten Schablonen, die man in Bau- und Hobbymärkten oder auch im Internet kaufen kann. Empfehlenswert sind selbstklebende Schablonen aus Kunststofffolie. Sie sind einfach zu handhaben, und es kann keine Farbe zwischen Schablone und Wand laufen.

Schablone: Eignet sich zum Gestalten von Bordüren

Die Vielfalt an Motiven ist ähnlich gross wie bei den Wand-Tattoos: Ornamente, Blumenmotive, Comic-Figuren, Bordüren – für jeden Geschmack ist etwas dabei.

Material und Werkzeug: Wasserwaage, Bleistift, Schablone, Schablonierfarbe, Tupf- oder Schablonierpinsel, Maler-Kreppband.

So gehen Sie vor:
■ Mit Wasserwaage und Bleistift anzeichnen, wo das Motiv entstehen soll. Das ist insbesondere bei Bordüren und sich wiederholenden Mustern wichtig.
■ Schablone anbringen: Man drückt selbstklebende Schablonen an die Wand, alle anderen be-

festigt man am besten mit Maler-Kreppband.

- Pinsel in die Farbe tauchen und auf der Schablone von aussen nach innen tupfen. Nicht streichen! Am besten Schablonierfarbe verwenden. Sie ist dickflüssig und tropft nicht. So kann man verhindern, dass die Farbe unter die Schablone läuft.
- Schablone abziehen, wenn die Farbe noch feucht ist. Grosse Schablonen nimmt man am besten zu zweit ab. Die Schablone sofort mit warmem Wasser abspülen.

Tipp: Im Handel sind Tupf- oder Schablonierpinsel erhältlich. Sparvariante: Man kauft einen Borstenpinsel und klebt Kreppband um die Haare, sodass diese maximal zwei Zentimeter herausragen.

Interessante Effekte erzielt man, indem man Metallic-, Perlmutt-, Glitter- oder fluoreszierende Farben verwendet. Das fertige Motiv kann man zusätzlich mit einem hochglänzenden Acryllack übermalen.

Wände mit Schablonen-Mustern zu verzieren, ist mit einiger Arbeit verbunden. Dafür sind die Motive dauerhafter und sehen edler aus als Aufkleber. Der Nachteil: Wenn einem das Muster nicht mehr gefällt, muss es mit der Wandfarbe überstrichen werden.

Das Gleiche gilt bei Patzern: Warten, bis die Farbe trocken ist. Dann korrekt schablonierte Flächen mit Maler- oder rückstandsfreiem Kreppband abdecken und Fehler mit der Untergrund-Farbe übermalen.

Stempel

Eine weitere Variante zur Verschönerung von Wänden ist das Stempeln. Es gibt fertige Stempel mit Motiven wie Sternen oder Blättern im Baumarkt zu kaufen. Man kann sie aber auch selber machen.

Material und Werkzeug: Papier, Bleistift, Schere, Spanplatte, Moosgummi, Leim, Haushaltsschwamm, Teppichmesser, Schablonierfarbe, eventuell Farbroller.

So gehen Sie vor:

- Motiv auf Papier vorzeichnen und dann auf Moosgummi aus dem Bastelladen übertragen. Das Motiv ausschneiden und auf einen Griff (z.B. aus Spanplatte) kleben.
- Soll ein Mosaik gestempelt werden, reicht ein einfacher Haushaltsschwamm: Dieser wird mit einem scharfen Messer in quadratische Stücke geschnitten.
- Wer alle Quadrate in der gleichen Farbe stempeln will, kann mehrere Schwammstückchen auf eine Spanplatte oder auf stabilen Karton kleben. So geht das Stempeln schneller.
- Als Farbe eignet sich Schablonierfarbe oder als günstigere Lösung auch Voll- und Abtönfarbe. Bei einem Stempel aus Moosgummi trägt man sie mit einem Roller auf. Spezielle Farben wie Metallic, Perlmutt usw. erhöhen die Wirkung.
- Schwammstückchen werden direkt in die Farbe getaucht und vor dem Stempeln auf einem Stück Zeitung leicht ausgedrückt. Durch zu viel Farbe auf dem Stempel verschmieren die Umrisse.

**7
Malen und
tapezieren**

8 Licht und Heimelektronik
Geräte anschliessen und vernetzen

Ob stimmungsvolles Licht, Heimkino oder Computernetzwerk: Im modernen Haushalt spielt Technik eine wichtige Rolle. Da ist es von Vorteil, wenn man einfache Installationen selber ausführen kann.

Das Einrichten einer Wohnung beschränkt sich längst nicht mehr auf Möbel, Teppiche und Vorhänge. Elektronische Geräte wie Heimkino, Soundsysteme, Computer und Internet nehmen mittlerweile einen wichtigen Platz in unserem Zuhause ein.

Doch was Technikfreaks begeistert, lässt andere oft verzweifeln. Wo kommt gleich dieses Kabel hin? Warum bleibt der Fernsehbildschirm schwarz? Wie kann ich von meinem PC drahtlos drucken? Bei solchen Problemen muss man nicht gleich einen Servicetechniker rufen. Die Lösung ist meist einfach – wenn man sich ein wenig mit der Materie beschäftigt. Die folgenden Tipps können dabei weiterhelfen.

Vorsicht bei Arbeiten mit Strom
Ähnliches gilt für kleine Installationen an Lampen, Steckdosen und Lichtschaltern. Allerdings ist hier Vorsicht am Platz. Ein schlecht isoliertes oder falsch angeschlossenes Kabel kann lebensgefährlich sein. Zudem kann ein Kurzschluss einen Wohnungsbrand verursachen. Deshalb sollte man sich bei Arbeiten am Stromnetz immer an die Sicherheitsvorschriften halten (siehe Kasten Seite 35).

Das Wichtigste für Arbeiten an Stromleitungen: Als Erstes immer die Sicherung herausdrehen oder den Stromkreis mit dem Kippschalter im Sicherungskasten unterbrechen. Wer ganz sicher gehen will, kontrolliert mit einem Phasenprüfer, ob auch wirklich kein Strom fliesst.

Dimmer einbauen
Das Anschliessen von Lampen, Steckdosen und Schaltern funktioniert immer gleich: Man muss darauf achten, dass die Kabel genügend abisoliert sind. Dann verbindet man die Leiter mit den passenden Gegenstücken in den Lampen, Steckdosen oder Lichtschaltern (siehe Seite 34 f.).

Mit einem Dimmer kann man die Helligkeit von Glüh-, Halogen- und auch LED-Lampen stufenlos regulieren. Besonders mit Halogenlampen lässt sich so stimmungsvolles Licht erzeugen. Es gibt Dimmer, die für eine Leistung von 40 bis 400 Watt ausgelegt sind, oder solche bis 1000 Watt. Günstige Dimmer mit Drehknopf erhält man schon für knapp 50 Franken. Sie sind einfach zu bedienen und einzubauen. Tastdimmer mit mehreren Funktionen lässt man besser von einem Fachmann montieren.

Aufgepasst: Dimmer und Lampen müssen aufeinander abgestimmt sein. Es gibt Dimmer für Hochvoltleuchten und Dimmer für Niedervolt-Halogenlampen (12 V). Wenn Sie unsicher sind, fragen Sie beim Kauf einen Mitarbeiter der Lampenabteilung und bewahren Sie den Kassenzettel auf. So können Sie das Produkt in der Regel umtauschen, wenn sich herausstellt, dass Sie den falschen Dimmer gekauft haben.

Material und Werkzeug: Schraubenzieher, Dimmer

So gehen Sie vor:
- Am einfachsten lassen sich Dimmer anstelle eines gewöhnlichen Lichtschalters montieren. Nachdem man die Sicherung deaktiviert hat, entfernt man den alten Schalter. Die Plastikteile sind in der Regel nur aufgesteckt und lassen sich mit dem Schraubenzieher einfach abheben.
- Danach die seitlichen Krallen des Unterputzschalters lösen und ihn leicht aus der Dose ziehen. Nun kann man die Klemmschrauben lösen oder die Kabel aus den Klemmanschlüssen ziehen.
- Dann verbindet man die Klemmanschlüsse des Dimmers mit den entsprechenden Leitern und setzt das Unterputzbauteil wieder ein. Zur Befestigung werden die zwei Spreizkrallen angezogen.
- Zum Schluss noch Abdeckrahmen, Schalterplatte und Drehknopf aufstecken, die Sicherung wieder einschalten und den Dimmer ausprobieren. Bei einigen Dimmern muss die Schalterplatte noch mit einer zusätzlichen Mutter fixiert werden.

Tipp: Im Dimmer befindet sich eine kleine Stecksicherung. Sollte der Dimmer plötzlich nicht mehr funktionieren, ist vermutlich nur die Sicherung defekt. Entfernen Sie die Abdeckplatte und wechseln Sie die Sicherung aus.

IN DIESEM KAPITEL
102 Dimmer einbauen
103 Heimelektronik: Für jedes Gerät das richtige Kabel
107 Heimnetzwerk einrichten: Von jedem Raum Zugriff auf die digitale Mediathek

Heimelektronik: Das richtige Kabel

Bilder, Filme und Musik lassen sich heutzutage auf den verschiedensten Geräten abspielen. Einen auf dem Computer gespeicherten Film kann man beispielsweise ohne weiteres am Fernseher betrachten. Den Kino-Sound liefern stabförmige Lautsprecher oder Soundbars. Dazu notwendig ist allerdings das richtige Kabel.

Die Übersicht zeigt auf, welche Stecker für welchen Zweck geeignet sind. Allerdings: Wie man Geräte miteinander verbindet, hängt massgeblich von deren Alter ab. HDMI Kabel beispielsweise haben sich erst nach 2003 flächendeckend durchgesetzt. Nicht jedes Gerät verfügt deshalb über alle Anschlüsse.

HDMI

Die modernste digitale Verbindung. Ein HDMI-Kabel überträgt qualitativ hochstehende digitale Bild- und Tonsignale wie das hochauflösende Bild (HD) oder neue

8 Licht und Heimelektronik

Tonformate wie Dolby-True-HD. Dabei wird das Signal nicht komprimiert und erreicht das TV-Gerät verlustfrei. HDMI hat sich bei Flachbildfernsehern und bei Bluray-Abspielgeräten durchgesetzt.

Ausserdem findet man es bei HD-Digicams und manchmal an Computern. Bei Kameras wird häufig eine kleinere Steckervariante verwendet, die aber dieselbe Qualität liefert. Wichtig: Mit HDMI-Kabeln können die Hersteller die digitale Kopiersperre HDCP anwenden. Wer also unkopierbare Bluray-Filme in HD-Qualität anschauen will, muss seine Geräte mit HDMI verbinden.

DVI

Der Vorgänger von HDMI ist ebenfalls eine digitale Verbindung für hochauflösende Filme. Im Gegensatz zu HDMI überträgt DVI keinen Ton. Das Datenformat ist bei DVI und HDMI dasselbe. Daher sind die beiden Kabel miteinander kompatibel und lassen sich mit einem Adapter zusammenschliessen.

Es kann aber vorkommen, dass die einzelnen Kontakte im Kabel anders belegt sind. Dann funktioniert das Zusammenspiel zwischen DVI und HDMI nicht.

Ein Nachteil ist, dass man nicht mit allen DVI-Anschlüssen Filme mit Kopiersperre anschauen kann.

So kann es passieren, dass bei einem nicht kopierbaren Bluray-Film das Bild des Fernsehers oder Beamers schwarz bleibt. Daher muss man darauf achten, dass die jeweiligen Geräte mit DVI-Anschluss als «HDCP-tauglich» gekennzeichnet sind.

Komponenten-Stecker

Auch Component-Video genannt. Lassen sich die beiden Geräte nicht mit HDMI- oder DVI-Kabel digital verbinden, ist ein Komponentenkabel die beste Wahl. Diese Technik gehört zu den qualitativ besten analogen Bildübertragungen. Das Bildsignal ist dabei in drei Komponenten aufgeteilt, welche in separaten Kabeln gesendet werden. Komponenten-Kabel sind vor allem bei DVD-/Bluray-Playern und TV-Geräten gebräuchlich.

S-Video

Ebenfalls eine gute Verbindung für analoge Bilder. Fehlt an einem Gerät ein Komponenten-Anschluss oder ein Scart mit RGB (siehe rechts), sollte man S-Video wählen. Ähnlich wie beim Komponenten-Kabel erreicht man eine gute Qualität, weil die Bildinformationen getrennt übertragen werden. Bei S-Video sind dies die Signale Helligkeit und Farbinformationen. Beide Signale werden aber auf demselben Stecker gesendet.

Composite

Auch Cinch oder FBAS genannt. Der weitaus verbreitetste Steckertyp sorgt gleichzeitig für das qualitativ schlechteste Bild. Die Bildinformationen sind in einem einzigen Signal zusammengefasst und werden mit dem gelben Stecker übertragen. Der rote und der weisse Stecker sind für den Ton reserviert.

Der Vorteil von Composite-Steckern ist, dass man damit auch sehr alte Fernsehgeräte oder Videorecorder verbinden kann, die noch nicht über moderne Anschlüsse verfügen. Ebenfalls bei Kameras und Computerausgängen gebräuchlich.

Scart

Scart steht nur für eine bestimmte Steckerart, nicht aber für ein bestimmtes Bildsignal. Mit Scart lassen sich ganz verschiedene Arten

TIPP

Die richtigen Kabel für eine optimale Verbindung

Je nachdem, welche Geräte man miteinander verbindet, sollte man verschiedene Kabeltypen verwenden. Nicht für jedes Gerät stehen alle Anschlüsse zur Verfügung. In dieser Übersicht sind die möglichen Verbindungen aufgeführt. An erster Stelle ist jeweils der Kabeltyp genannt, der die beste Bildqualität ermöglicht.

Bild und Ton:
- **Vom DVD-/Bluray-Player zum TV-Gerät:** HDMI, DVI, Component, S-Video, Scart, Composite
- **Vom Computer zum TV-Gerät:** HDMI, DVI, VGA, S-Video, Composite
- **Settopbox/Sat-Receiver zum TV-Gerät:** HDMI, Component, Scart
- **Digicam/Videokamera zum Computer/TV-Gerät:** HDMI, DVI, Firewire/USB, Composite

Nur Ton:
- **Vom TV-Gerät zur Stereoanlage:** Toslink (optisch-digital), Coaxial, Cinch
- **Vom TV-Gerät zur Soundbar:** Toslink, HDMI, Cinch

Die Klangqualität ist bei HDMI, Toslink und Coaxial fast gleich gut. Die meisten Soundbars sind aber einfacher zu bedienen, wenn sie optisch-digital mit dem TV verbunden sind.

8
Licht und Heimelektronik

von analogen Signalen übertragen. So zum Beispiel Composite- oder S-Video-Signale, daneben auch das qualitativ sehr gute RGB-Signal, das vergleichbare Bilder wie das Komponenten-Signal liefert.

Was der Stecker genau übertragen soll, muss man in den Einstellungen des DVD-Rekorders oder des Fernsehers wählen. Bei manchen erhältlichen Scart-Steckern sind nicht alle der 21 flachen Metallkontakte aktiviert. Das führt dazu, dass man oft nur das schlechte Composite-Signal übertragen kann. Fragen Sie deshalb im Laden vor dem Kauf, ob alle Kontakte beim Stecker «voll belegt» sind.

TIPPS

Teure Luxus-Kabel bringen kaum Vorteile

■ Für ein HDMI-Kabel kann man rund 20 Franken ausgeben oder auch über 100 Franken. Aber: Lassen Sie sich nicht täuschen von vergoldeten Steckern oder extradicken Kabeln. Für die meisten Heimelektronik-Geräte genügen ganz normale Kabel. Bis zehn Meter Kabellänge sind die Leistungsunterschiede praktisch nicht wahrnehmbar.
■ Grundsätzlich gilt: Verbinden Sie Unterhaltungselektronik-Geräte immer mit möglichst kurzen Kabeln und verlegen Sie wenn möglich die Kabel nicht parallel zu Stromleitungen. Dies kann zu Brummstörungen führen, insbesondere bei analogen Übertragungstechniken.
■ Die Qualität des Kabels kann zwar das übertragene Signal beeinflussen. Viel wichtiger ist jedoch die Qualität des ausgehenden Signals und hochwertige Geräte. Diese sind sogar in der Lage, Signalfehler auszugleichen. Deshalb investiert man lieber in gute Lautsprecher, Verstärker oder ins Fernsehgerät statt in teure Luxus-Kabel.

Firewire
Auch IEEE 1394 oder i.Link genannt. Verbreitete Verbindung zwischen Videokamera und Computer. Sie ist schnell genug, um Filme in hoher Qualität zu kopie-

ren. Eine gleichwertige Alternative dazu ist ein USB-Anschluss.

VGA
Häufiger Ein- und Ausgang für Bildsignale am Computer. Im Gegensatz zu HDMI oder DVI wird das Bild analog übertragen. Beamer haben häufig einen VGA-Eingang,

ebenso moderne Flachbildfernseher. Die VGA-Verbindung bietet eine bessere Bildqualität als andere Ausgänge wie S-Video oder Composite.

Toslink
Optisch-digitale Verbindung für Tonsignale, zum Beispiel vom Fernseher zur Stereoanlage oder zur Soundbar. Die Informationen werden digital mit Licht übertragen. Optisch-digitale Kabel für die Tonübertragung haben den Vorteil,

dass sie unempfindlich gegenüber elektromagnetischen Feldern sind. Dafür können die Anschlüsse verstauben und das Glasfaserkabel knickt leichter als ein herkömmliches Kupferkabel

Heimnetzwerk: Musik und Daten in jedem Zimmer

Von jedem Zimmer aus auf einem zentralen Drucker drucken, in jedem Raum jederzeit die Lieblingsmusik hören und überall im Internet surfen: Das ist heute problemlos möglich. Das Vernetzen von verschiedenen Geräten ist auch für Laien keine Hexerei.

Vernetzung per Funk oder Kabel

- **Funk:** Ein drahtloses Netzwerk (Wireless LAN) bietet maximale Flexibilität. Mit dem Laptop oder Tablet auf der Terrasse surfen oder das Internetradio im Bad aufstellen: Mit WLAN kein Problem. Jedes WLAN-fähige Gerät kann sich über ein Passwort einfach ins Funknetzwerk einwählen.

Nachteile: Ein Funknetz ist störungsanfälliger als ein verkabeltes Netzwerk und verursacht Elektrosmog. Mit zunehmender Entfernung nimmt die Leistung ab. Allenfalls muss man das Funknetz mit einem zweiten Sender verstärken.

- **Ethernet-Kabel:** Wer mehr Reichweite benötigt oder Elektrosmog vermeiden will, kann die Geräte auch mit Ethernet-Kabeln verbinden. Man steckt zentral den Router ein und verbindet jedes Gerät in jedem Zimmer mit einem Kabel an der Ethernet-Steckdose.

Allerdings: In den wenigsten Wohnungen sind Ethernet-Leitungen vorhanden. Sie nachträglich in den Wänden zu verlegen, ist aufwendig und teuer. Zudem ist man mit den Geräten ortsgebunden.

- **Stromleitung:** Einen Kompromiss bietet die Datenübertragung über bestehende Stromleitungen mit Powerline-Adaptern. Powerline-Netzwerke sind einfach einzurichten. Man steckt die Adapter in die Steckdose und verbindet die Endgeräte mittels Netzwerkkabel.

Nachteile: Wie beim Kabelnetzwerk ist man an Steckdosen gebunden. Die Datenmenge pro Sekunde nimmt mit zunehmender Distanz ab. Und: Für jedes Gerät muss man einen eigenen Adapter kaufen. Einsteiger-Sets mit zwei Adaptern kosten je nach Übertragungsgeschwindigkeit zwischen 50 und 150 Franken.

Der Router

Egal welche Verbindungsart man wählt: Um den Datenverkehr zwischen verschiedenen Geräten und dem Internet zu regeln, benötigt man einen Knotenpunkt. Das ist der Router. Oft erhält man vom Internetanbieter ein Gratis-Modem mit Routerfunktion bei Abschluss eines Abos. In der Regel lassen sich dann bis sechs Geräte per Kabel an den Router anschliessen.

Mehr Flexibilität bietet ein WLAN-Router. Er ermöglicht mehreren – auch räumlich getrennten Geräten – gleichzeitig Zugang zum Internet. Ausserdem haben die Geräte auch gegenseitig Zugriff aufeinander. Den WLAN-Sender kann man bei Bedarf auch deaktivieren.

Schnelle und störungssichere Funk-Router, die man einfach einrichten kann, gibt es schon ab 60 Franken.

Server: Die Datenzentrale

Wenn Sie ein Heimnetzwerk für Musik, Filme und Fotos einrichten wollen, sollten all diese Daten zentral an einem Ort gespeichert sein. Im Prinzip kann das jeder Windows-PC oder Mac sein.

Den Computer verbindet man via Ethernet-Kabel direkt mit dem Router und damit mit allen Computern im Netzwerk. Nun hat man von jedem angeschlossenen Computer Zugang zur digitalen Medienbibliothek, kann Daten hinzufügen, freigeben oder mit einem Passwort schützen.

■ **Unter Windows** geschieht das Einrichten einer Heimnetzgruppe im Menü «Systemsteuerung» unter den Punkten «Netzwerk und Internet» und «Heimnetzgruppe». Hier können Sie die Musik- und anderen Mediendateien für andere Computer freigeben. Unter Windows XP und Windows Vista muss man eine «Arbeitsgruppe» erstellen. Näheres dazu finden Sie im Hilfsprogramm von Windows.

■ **Auf Apple-Geräten** ist ein öffentlicher Briefkasten standardmässig eingerichtet. Über den Briefkasten lassen sich Dateien problemlos teilen. Wer komplexere Zugriffsmöglichkeiten einrichten will, kann auf dem Mac unter den Menüpunkten «Systemeinstellungen» und «Freigabe» beliebig Ordner, Drucker und Dokumente freigeben.

Netzwerkfähige Festplatte

Doch das Verwenden eines Computers als zentralen Datenspeicher beziehungsweise Server hat gewichtige Nachteile: Er muss immer eingeschaltet sein, wenn andere Geräte jederzeit auf die Daten zugreifen wollen. Dabei altert die Hardware nicht nur schneller, das verursacht auch recht hohe Stromkosten.

Die beste und komfortabelste Lösung ist eine netzwerkfähige Festplatte (NAS). Solche Geräte sind leise und verbrauchen im Dauerbetrieb weniger Strom als ein PC, der als Server dient. Eine NAS-Netzwerkfestplatte mit einem

---

STICHWORT

Streaming

Den Begriff Streaming verwendet man häufig im Zusammenhang mit Multimedia-Heimnetzen oder bei Ton- und Videoübertragungen über das Internet. Unter Streaming versteht man das Übertragen von Audio- und/oder Videodaten über ein Netzwerk. Die Daten werden während des Übertragens wiedergegeben, aber nicht auf dem Computer gespeichert.

Für Übertragung und Empfang bedarf es eines Senders (Server) und eines Empfängers (Client). So können zum Beispiel Filme vom zentralen Datenserver auf das TV-Gerät gestreamt werden. Damit das Streaming einwandfrei funktioniert, muss ein kontinuierlicher Datenfluss gewährleistet sein. Kommt es zu Unterbrechungen oder ist die Verbindung zu langsam, gibt es Aussetzer bei Ton und/oder Bild.

Terabyte Speicherkapazität kostet um die 150 Franken.

Eine netzwerkfähige Festplatte ist besonders dann empfehlenswert, wenn man von anderen Geräten auf gespeicherte Fotos, Filme und Musik zugreifen möchte. Die Festplatte verbindet man via Ethernet-Kabel mit dem Router und damit mit allen angeschlossenen Geräten im Netzwerk. Nun hat man von jedem dieser Geräte Zugang zur Medienbibliothek.

Netzwerkfähige Musikgeräte
Nicht nur Computer und Drucker lassen sich mit der NAS-Festplatte verbinden. Auch Radios, Stereoanlagen, TV-Geräte und Spielkonsolen können drahtlos auf die gespeicherten Daten zugreifen und sie in jedem Raum abspielen. Allerdings müssen diese Geräte netzwerkfähig sein.

Zukunftssicher und offen ist eine vernetzte Unterhaltungslösung, wenn die Geräte die Standards der Digital Living Network Alliance (DLNA) erfüllen. Denn alle DLNA-Geräte verstehen sich untereinander und kommen mit den gängigsten Musik- und Videoformaten zurecht.

Günstige netzwerkfähige Abspielgeräte wie das Terratec Noxon iRadio und Freecom MusicPal sind bereits ab 150 Franken zu haben. Ab rund 200 Franken gibt es Abspielgeräte mit deutlich besseren Audioeigenschaften wie Logitech Squeezebox, Philips NP2500, Pioneer XW-NAC3 und Sonos S5.

Je nach Bauart verfügen solche Geräte über einen Lautsprecher, oder sie werden an die Stereoanlage angeschlossen. Die meisten Abspielgeräte dienen zugleich als Internetradios.

Bedient werden die Geräte über Anzeigen und Tasten oder mit einer Infrarot-Fernbedienung. Teurere Modelle verfügen über eine Funk-Fernbedienung mit grafischem Farbbildschirm. Über diese Steuerung blättert man durch die Musikbibliothek und klickt dann auf gewünschte Alben oder Songs.

Wer an die Soundqualität höhere Ansprüche stellt, aber (noch) keine netzwerkfähige Stereoanlage besitzt, kann die vorhandene Heimelektronik auch «aufrüsten». Von Sonos gibt es netzwerkfähige Lautsprecher und verschiedene Adapter, die man den Geräten ohne grosses technisches Wissen vorschalten kann.

Mittels Knopfdruck verbinden sich alle Geräte per Funk. Über einen «Mutteradapter» sind die Sonos-Geräte mit dem Router und dem Rest des Heimnetzwerkes verbunden. Bedienen lassen sich alle angeschlossenen Geräte über eine App, zum Beispiel auf dem Smartphone. Man kann sogar zentral die Lautstärke jedes Zimmers einzeln regeln und die gewünschte Musik zuweisen. Der Fachmann nennt dies Multiroom-Konzept.

Allerdings: Sonos-Geräte sind teuer. Die Bauteile kosten zwischen 100 und 500 Franken. Vergleichbare multifunktionale Systeme gibt es derzeit nicht. Netzwerkfähige Komponenten gibt es aber auch von anderen Herstellern, zum Beispiel von Philips.

8 Licht und Heimelektronik

9 Arbeiten im Garten
Sitzplatz, Wege und Mauern bauen

Nicht nur im Haus, auch draussen im Garten gibt es für Heimwerker immer etwas zu tun. Ob Sitzplatz, Gartenweg oder Zaun: Viele kleinere Bauprojekte kann man selber ausführen. Wichtig dabei: Eine sorgfältige Planung.

Wer einen Garten hat, kennt es: Rund ums Haus gibt es Stellen, die man besser nutzbar machen oder einfach nur verschönern möchte. Man wünscht sich schon lange einen einladend gestalteten Sitzplatz, ein kleiner Weg vom Geräteschuppen zu den Gartenbeeten wäre praktisch oder der Zaun zum Nachbargrundstück müsste dringend erneuert werden. Für Leute, die gerne selber anpacken, ist das alles kein Problem. Mit etwas Zeit, Muskelkraft und einer guten Vorbereitung sind solche Projekte durchaus machbar. Wir zeigen Ihnen, wies geht.

Gartenterrasse aus Holz selber bauen

Eine Gartenterrasse wird in der warmen Jahreszeit häufig als erweiterter Wohnraum genutzt, entsprechend wohnlich sollte sie gestaltet sein. Während früher die meisten Sitzplätze aus Stein- oder Betonplatten bestanden, setzt man heute auch im Aussenbereich vermehrt auf Holz.

Holz benötigt zwar mehr Pflege und ist weniger langlebig als Steinbeläge. Doch selbst an heissen Tagen kann man auf einer Holzterrasse problemlos barfuss gehen. Und am Abend, wenn es kühler wird, strahlen auch Holzdielen eine angenehme Wärme aus.

Um eine Holzterrasse zu bauen, muss man kein Profi sein. Genaues Arbeiten und etwas handwerkliches Geschick genügen. Wie aufwendig die Arbeit ist, hängt zum einen vom Untergrund ab. Zum andern, ob man die Terrasse selber zimmert oder vorgefertigte Bodenelemente verwendet.

Planung

Die Fläche der Holzterrasse ist auszumessen und abzustecken. Danach kann die Anzahl der benötigten Balken und Bretter exakt ausgerechnet werden (Abstände zwischen den Latten nicht vergessen). Versuchen Sie die Grösse so zu planen, dass Sie keines der Bretter der Länge nach sägen müssen. Falls sich dies nicht ver-

MATERIAL UND WERKZEUG

- Klappmeter, Wasserwaage
- Spannschnur
- Spaten, Schaufel
- Sockelsteine oder Betonplatten
- Schnellzement, Maurerkelle (zum Setzen der Sockelsteine)
- Kies, Wurzelvlies
- Akkuschrauber
- Bohrmaschine mit Senkkopfbohrer
- Edelstahlschrauben und Winkel
- Gummihammer
- Schraubzwingen
- eventuell Vibrationsstampfer zum Verdichten des Untergrunds
- Holzbalken für die Unterkonstruktion
- Dielen oder Fertigelemente für den Belag

meiden lässt, können Sie sich diese Bretter im Baumarkt zusägen lassen.

Fundament

Wer schon einen Sitzplatz mit Steinplatten hat, kann direkt darauf die Unterkonstruktion bauen. Bei anderen Unterlagen ist ein stabiles Fundament aus Betonsockelsteinen oder Betonplatten nötig. Darauf werden später die Tragebalken verschraubt.

Die Sockelsteine mit einem Durchmesser von je 35 Zentimetern platziert man alle 60 Zentimeter in einem Erdloch. Man setzt sie so tief, dass die Oberkante der Terrasse die gewünschte Höhe unter der Balkontürschwelle hat.

Um sie auszurichten, spannen Sie eine Schnur auf die gewünschte Höhe und nivellieren die Betonsockel aus. Je nachdem muss man sie mit etwas Schnellzement unterfüttern oder mit einem Gummihammer auf die richtige Höhe bringen. Dabei ist es wichtig, mit einer Wasserwaage zu prüfen, ob jeder Sockelstein eben liegt.

Am Schluss können Sie zwischen den Sockeln Teichfolie oder Wurzelvlies platzieren und darauf eine Schicht Kies ausbreiten. Dies hilft gegen Unkrautwuchs und sorgt zugleich dafür, dass das Regenwasser besser versickert.

Als Unterlage für die Kanthölzer eignen sich auch Betonplatten. Dann muss man aber vorgängig mit Spaten und Schaufel den Boden abtragen und ein festes Fundament aus verdichtetem Schotter und Sand oder aus Kies erstellen.

IN DIESEM KAPITEL

- **110** Gartenterrasse aus Holz selber bauen
- **110** Fundament und Unterbau
- **112** Belag aus Dielen und Fertigelementen
- **113** Gartenweg anlegen: So gehen Sie vor
- **114** Kieswege und Wege mit Pflastersteinen
- **115** Naturstein- und Betonplatten
- **115** Anleitung: Wege bauen
- **117** Anleitung: Gartenzaun errichten
- **119** Anleitung: Trockenmauer bauen
- **120** Gartenteich anlegen: So gehen Sie vor

Ein leichtes Gefälle von 1 bis 2 Prozent ist vorteilhaft, damit Wasser besser vom Haus weg ablaufen kann.

Zum Verdichten des Erdreichs eignet sich ein Vibrationsstampfer. Solche Geräte kann man in Baumärkten mieten. Die Kosten betragen um die 100 Franken pro Tag ohne Kaution.

Unterbau

Für eine Holzterrasse mit einem Belag aus langen Brettern ist ein Unterbau aus Kanthölzern notwendig. Als Tragebalken eignet sich

Unterbau: Sockelsteine aus Beton bilden eine stabile Unterlage für die Tragebalken

STICHWORT

WPC-Dielen

Statt Holzbretter eignen sich für Terrassen auch Dielen oder Fertigelemente aus Wood Plastic Composites (WPC). Dieses Material wird aus Holzspänen und Kunststoff gepresst und sieht natürlichem Holz sehr ähnlich. Zudem kann WPC im Vergleich zu Echtholz mit einigen Vorteilen punkten: Die Dielen sind langlebiger, brauchen weniger Pflege und verziehen sich nicht. Und: WPC-Bretter splittern nicht. Das ist für einen Bodenbelag, den man oft barfuss betritt, besonders wichtig.

Ein Quadratmeter WPC-Dielen kostet zwischen 80 und 120 Franken. Damit ist das Material teurer als imprägniertes Massivholz.

zum Beispiel thermobehandelte Fichte.

Auf den Sockelsteinen oder Platten verschraubt man die Tragebalken mit rostfreien Winkeln und Schrauben in Längsrichtung vom Haus weg. Bohren Sie die Balken vor, damit das Holz nicht einreisst.

Belag aus Holzdielen

Auf die fertige Unterkonstruktion werden schliesslich quer zu den Tragebalken die Dielen oder Belagsbretter befestigt. Dabei wird jede Latte mit je zwei Senkkopfschrauben auf die Kanthölzer verschraubt.

Vor dem Montieren muss man die Dielen vorbohren. Verwenden Sie einen Senkkopfbohrer, damit die Schrauben sauber in den Dielen versenkt werden können.

Zwischen den einzelnen Dielen brauchts 5 bis 10 mm Abstand. Hier kann Regenwasser ungehindert abfliessen, zugleich erhält das Holz Bewegungsspielraum. Die optimale Fugenbreite hängt von der Dielenbreite ab. Je breiter die Latten, desto breiter die Fugen. Auch zwischen der Terrasse und der Hauswand muss ein Abstand von 10 Millimetern eingehalten werden.

Am einfachsten bewerkstelligt man eine gleichmässige Montage, indem man die Dielen lose platziert, Abstandhalter dazwischen steckt und die Dielen auf beiden Seiten mit Spannsets zusammenhält. Man kann die Dielen aber auch mit Schraubzwingen auf der Unterlage fixieren.

Zum Schluss kann man seine neue Terrasse einfassen. Dazu eignen sich Bretter, die man rundherum aufschraubt, aber auch Beton- oder Holzpalisaden, Bordsteine oder grosse Kieselsteine.

Belag aus Fertigelementen

Weniger aufwendig als eine Konstruktion mit Holzlatten ist ein Terrassenboden mit vorgefertigten Holzfliesen. Ist bereits ein ebener Sitzplatz aus Beton- oder Steinplatten vorhanden, kann man die Holz- oder WPC-Elemente ohne Schrauben lose darauf verlegen.

Belag aus Latten: Auf der Unterkonstruktion wird Diele um Diele mit Schrauben befestigt

Es gibt sogar Terrassen-Fliesen mit Verbindungen zum Einklicken.

Man legt die Holzelemente zuerst lose aus und schiebt sie dann sauber aneinander. Ein lebhaftes Verlegebild ergibt sich durch wechselnde Laufrichtungen der Dielen oder durch ein versetztes Verlegen. Dann muss man allerdings die einzelnen Fliesen mit einer Handkreissäge kürzen und anschliessend mit einer Latte an der gekürzten Seite wieder fixieren.

Damit sich die einzelnen Elemente nicht verschieben, kann man den Rand mit Brettern verschrauben. Dieser Rahmen bildet dann gleichzeitig den Abschluss der Terrasse.

Gartenwege aus Kies, Pflastersteinen und Platten

Einen Gartenweg anzulegen, ist zwar kein Kinderspiel. Laien können die Sache trotzdem selber anpacken, wenn sie nicht gerade die komplizierteste Variante bauen.

Einzelne Trittplatten

Für kurze Strecken kann bereits die Minimalvariante mit einzelnen Trittplatten genügen. Das reicht aus, um mit den Küchenabfällen zum Kompost oder von der Terrasse zur Schaukel zu gelangen. Sie verlegen die Trittsteine in so grossen Abständen, dass Sie bequem von Stein zu Stein gehen können.

Zuerst stechen Sie die Rasenschicht in Form der Steine oder Platten ab. Dann heben Sie jeweils so viel Erde aus, dass Sie eine 10 Zentimeter dicke Schicht Bausand einfüllen können. Achtung: Das Bett muss so tief sein, dass die Steine später 2 Zentimeter unter dem Rasenniveau liegen. Das erleichtert das Rasenmähen.

Legen Sie die Platten aufs Sandbett und klopfen Sie sie mit einem Gummihammer fest. Sie sollten vollflächig aufliegen, damit sie beim Auftreten nicht wackeln.

Grösseres Projekt planen

Ist eine längere Strecke zu bewältigen, sollte man das Projekt gut planen. Wo genau führt der Weg am besten durch? Welche Breite ist angemessen? Aus welchem Material soll der Belag sein? Solche Fragen sind in der Planungsphase zu klären.

Neben Stil, Topografie und Grösse des Gartens entscheidet hauptsächlich der Zweck darüber, welche Wegführung sinnvoll ist.

Grundsätzlich ist der direkte Verlauf einem verschlungenen Pfad

MATERIAL UND WERKZEUG

- Wasserwaage, Klappmeter
- Holzpflöcke und Schnur
- Maurerkelle
- Spaten, Schaufel
- Wurzelvlies
- Sand, Kies oder Schotter für die Tragschicht
- Abziehlatte oder -brett
- Gummihammer
- Vibrationsstampfer
- eventuell Winkelschleifer mit Trennscheibe zum Zuschneiden von Platten
- eventuell Hammer und Meissel zum Behauen von Natursteinen
- Schutzbrille, Atemschutzmaske, Gehörschutz und Handschuhe

vorzuziehen. Andernfalls ist die Versuchung gross, eine Abkürzung über den Rasen zu nehmen. Schnurgerade muss der Weg trotzdem nicht sein. Auch ein leicht geschwungener Verlauf führt noch rasch ans Ziel.

Die Breite richtet sich hauptsächlich nach dem Zweck des Weges. Als Faustregel gilt: Hauptwege wie zum Beispiel ein Hauszugang sollten 120 bis 150 Zentimeter breit sein, damit zwei Personen problemlos kreuzen können. Für Nebenwege ohne «Gegenverkehr» genügt eine Breite von 60 bis 80 Zentimetern.

Zu berücksichtigen ist zudem die Grösse des Gartenbereichs, in den der Weg zu liegen kommt: Bei kleineren Flächen sollte man sich mit einem schmalen Pfad begnügen. Andernfalls wirkt der Weg rasch überdimensioniert. Ebenfalls wichtig ist, dass der Weg – seitlich oder in Längsrichtung – mindestens 1 bis 3 Prozent Gefälle aufweist. Das ist beim Gehen kaum spürbar, trägt aber dazu bei, dass Regenwasser gut abfliessen kann.

Tipp: Planen sie den Weg möglichst so, dass sie keine Steine oder Platten zerschneiden müssen. Das ist mit einer Trennscheibe zwar möglich, aber mühsam und mit Gefahren durch Splitter verbunden.

Kieswege

Kieswege wirken natürlich. Ihre Deckschicht besteht meist aus Mergel, Splitt, Strassen- oder gebrochenem Kies. Eckige Steinchen haben den Vorteil, dass sie sich verkanten und so eine festere Unterlage bilden. Ähnlich wirkt sogenannt bindiger Strassenkies, der sich gewissermassen «verklebt» und damit weniger mit den darunterliegenden Schichten vermischt. Ein leicht verfestigter Kies- oder Splittbelag reduziert das Unkrautwachstum.

Bei einem maximal 5 Zentimeter dicken Belag und Steinchen unter 1,5 Zentimeter Durchmesser ist der Gehkomfort am grössten. Allerdings schätzen auch Katzen solche Bedingungen, um ihr «Geschäft» zu verrichten. Sie bleiben Kieswegen eher fern, wenn die Steinchengrösse 1,5 bis 2 Zentimeter beträgt.

Pflastersteine

Wege aus Natur- oder Betonsteinpflaster gibt es in vielen Varianten. Ihr Hauptvorteil gegenüber Plat-

---

TIPP

Verlegemuster für Steine und Platten

Pflasterstein-, Verbundstein- oder Plattenweg? Dieser Entscheid lässt sich leichter treffen, wenn man sich ein Bild von den konkreten Gestaltungsmöglichkeiten gemacht hat. Denn für beide Wegtypen gibt es höchst abwechslungsreiche Verlegemuster: regelmässig oder unregelmässig, auf Kreuzfuge oder «englisch», diagonal, kreisförmig, im Fischgratmuster usw.

Ideen findet man im Internet (Stichwort-Suche «Verlegemuster»), zum Beispiel unter
heimwerkerlexikon.selbermachen.de
www.derkleinegarten.de
www.creabeton-baustoffe.ch

tenwegen: Da sie klein sind, passen sie sich leichter an Geländesenken oder -erhebungen an. Zudem sind einzelne Pflastersteine bei Bedarf einfach zu ersetzen.

Natursteinpflaster passt besonders gut in alte, naturnahe Gärten. Denn dieser dauerhafte Belagstyp vermittelt einen Hauch vergangener Zeiten. Quasi das Gegenstück bilden die funktionalen Beläge aus verzahnten Betonverbundsteinen. Sie halten recht schwere Lasten aus und eignen sich damit gut für den Bau befahrener Wege, etwa für Garagenzufahrten. Für gewöhnliche Gartenwege sind jedoch Betonpflastersteine in unterschiedlichen Formen, Farbtönen und mit besonderer Oberflächenstruktur mittlerweile beliebter.

Naturstein- und Betonplatten

Auch bei Plattenwegen ist die Materialvielfalt gross. Betonplatten gibts in vielen Varianten, was Helligkeit, Farbe und Oberflächenstruktur betrifft. Das gilt auch für Natursteinplatten: Häufige Gesteinsarten sind Granit, Diorit, Senit, Porphyr, Melaphyr, Diabas und Trachit. Aber auch Basalt, Kalk- und Sandstein sowie Gneis, Quarzit oder Phylit werden verwendet.

Die Gesteine sind ausserdem unterschiedlich hart: Platten aus «weichem» Kalk- und Sandstein lassen sich einfacher bearbeiten, sind aber weniger beständig als zum Beispiel die harten Granit-, Porphyr- und Basaltplatten.

Aus sozialer und ökologischer Sicht ist einheimischer Stein zu bevorzugen, auch wenn Natursteinplatten aus Indien und China meist günstiger sind. Ein Verzeichnis von Schweizer Steinbrüchen finden Sie unter www.wlw.ch (Suche «Steinbrüche»).

Wichtig aber ist in jedem Fall: Keine Steine oder Platten mit geschliffener Oberfläche verwenden! Gartenwege müssen rutschfest sein. Wie rau der Belag letztlich sein darf, ist aber auch eine Frage der Nutzung. Container rollen über Kopfsteinpflaster sicher weniger leicht als über Betonplatten.

Weg bauen: So gehen Sie vor

Wege können ganz verschieden aussehen. Der Unterbau muss aber bei allen Varianten stabil sein, wenn man möglichst lange Freude an einem ebenen Weg haben will. So gehen sie vor:

■ **Markieren:** Zeichnen Sie die Breite und den Verlauf des Weges

> ### TIPP
>
> ### Plattenwege mit dem Schrubber reinigen
>
> Zwar lassen sich mit dem Hochdruckreiniger Schmutz und Moos leicht von Pflasterstein- und Plattenwegen entfernen. Doch davon ist abzuraten: Hochdruckreiniger können sowohl Beton- als auch Natursteinbeläge beschädigen und anfälliger für Schmutz machen. Zudem richten sie rasch Schäden an Ecken, Kanten und Fugen an.
>
> Besser ist es, zu Gartenschlauch und Schrubber zu greifen, bevor die Verschmutzung zu gross ist. So lässt sich der Weg mit erträglichem Aufwand sauberhalten. Es gibt auch spezielle Gehweg- und Plattenreiniger. Gewisse Platten kann man auch imprägnieren, damit sie Schmutz abweisen und weniger ausbleichen. Informieren Sie sich im Fachgeschäft.

Weg aus Betonplatten: Die Platten auf der ebenen Tragschicht mit dem Gummihammer in die richtige Position klopfen. Abstandhalter sorgen für gleichmässige Fugen

mit Holzpflöcken und Schnüren oder Farbspray exakt an. Denken Sie daran, dass das auszuhebende Bett auf jeder Seite 10 Zentimeter breiter sein muss als der eigentliche Weg. Damit wird verhindert, dass der Wegrand später absinkt.

■ **Ausheben:** der Unterbau sollte 20 bis 30 Zentimeter tief sein. Schälen Sie Rasen ab, heben Sie die Erde aus und verdichten Sie danach den Boden mit einem Stampfer. Anschliessend können Sie ein Vlies auslegen, damit sich die folgende Kiesschicht nicht mit der Erde vermischt und später Unkraut weniger Chancen hat.

■ **Randabschluss:** Platten liegen auch ohne seitliche Stütze stabil. In diesem Fall sind Randabschlüsse nicht unbedingt notwendig. Wenn Sie für den Weg aber Pflaster- oder Verbundsteine oder nur Kies verwenden, dann sollten Sie die Ränder befestigen. Dazu eignen sich Rasenkanten-, Bord- und grössere Pflastersteine, die zu einem Drittel in ein Betonbett gesetzt werden. Achten Sie darauf, dass die Oberkante auf demselben Niveau liegt wie die Grasnarbe, sonst bekommen Sie später beim Rasenmähen Probleme.

■ **Tragschicht einbauen:** Füllen Sie auf die Erde oder das Wurzelvlies eine 15 bis 20 Zentimeter dicke Schicht aus Wandkies oder Schotter ein. Diese Schicht wird mit einem Plattenvibrator verdichtet. Darauf kommen 3 bis 4 Zentimeter Split. Diese Schicht wird mit einer Latte gleichmässig verteilt und plan abgezogen. Vergessen Sie nicht, dass der Weg ein geringes Gefälle haben muss, damit das Regenwasser abfliesst.

■ **Belag:** Nun kann man die einzelnen Steine und Platten im gewünschten Verlegemuster (siehe

Kasten Seite 114) mit einem Gummihammer auf den Untergrund klopfen. Achten Sie darauf, dass alle Steine/Platten gleich hoch sind. Kontrollieren Sie regelmässig mit einer langen Wasserwaage oder einer Latte nach.

Nur Verbundsteine kann man Stein an Stein legen. Bei allen anderen Materialien lässt man 3 bis 5 Millimeter breite Fugen stehen. Für gleichmässige Fugen können Sie Abstandhalter aus Kunststoff einsetzen. Bei Kopfsteinpflaster dürfen die Fugen auch etwas breiter sein.

Ganz zum Schluss fegen Sie mit einem Besen hellen Quartz- oder dunklen Basaltsand in die Fugen. Giessen Sie danach Wasser auf die Fugen, damit sich der Sand verdichten kann.

Gartenzaun aus Holz oder Drahtgeflecht

Seine Grenzen abzustecken und das eigene Territorium zu sichern, liegt in der Natur des Menschen. Die meisten Hausbesitzer zäunen deshalb Haus und Garten ein. Dabei ist man sich oft nicht bewusst, wie stark ein Zaun das Gesamtbild eines Grundstücks beeinflusst. Deshalb sollte man sich vor dem Errichten eines Zauns einige Gedanken zu Material und Ausführung machen.

Ideen holt man sich am besten in Baumärkten. Ob modern oder rustikal, Metall, Drahtgeflecht oder Holz: Dort findet man alles, was es für einen Zaun braucht.

Mit vorgefertigten Holz- und Metallelementen oder Rollen aus Drahtgeflecht ist es einfach, das Grundstück einzuzäunen. Vorher ist jedoch noch zu kären, ob Sie für den Zaun eine Baubewilligung brauchen. In der Regel ist für Zäune mit einer Gesamthöhe bis 80 Zentimeter keine Bewilligung notwendig. Um ganz sicher zu sein, fragen Sie am besten beim Bauamt Ihrer Wohngemeinde nach.

Mit diesen Kosten müssen Sie rechnen: 25 Meter verzinktes Drahtgeflecht gibt es schon für weniger als 100 Franken. Fertige Zaunfelder aus Metall sind deutlich teurer. Ein Element in zwei Metern Länge kann je nach Ausführung zwischen 120 und 300 Franken kosten.

Einfache Holzzäune im Jäger- oder Staketen-Stil sind mit 30 bis 40 Franken pro Element wesentlich günstiger. Hinzu kommen noch die Kosten für Pfosten. Metallpfähle gibt es schon für weniger als 20 Franken.

MATERIAL UND WERKZEUG

- Massband, Wasserwaage, Schnur
- Spaten, Schaufel
- Kies
- Vorschlaghammer und kleiner Hammer
- Handsäge
- Fertigbeton oder Einschlaghülsen
- rostfreie Schrauben, eventuell Agraffen
- Zaunpfosten (Metall oder Holz)
- Zaunelemente oder Drahtgeflecht, Draht
- Zaunhalter, eventuell Spannbolzen
- Holzpflöcke, Latten

Zahl und Position der Pfosten

Wie viele Pfosten Sie für Ihren Zaun benötigen, hängt von der Gesamtlänge und von der Art des Zauns ab. Wenn Sie den Zaun mit Fertigelementen bauen, geben diese die Pfostenabstände vor. Andernfalls gilt: Die Distanz von Pfosten zu Pfosten sollte nicht mehr als 3 Meter betragen.

Bestimmen Sie zuerst die Position der End- und Eckpfosten. Wenn diese gesetzt sind, spannt man eine Richtschnur und bestimmt die Position der restlichen Pfosten.

Pfosten verankern

Für eine sichere Verankerung im Boden gibt es zwei Möglichkeiten: Man betoniert die Pfosten ein oder versenkt sie in Einschlaghülsen aus Metall. Verläuft der Zaun über eine Betonoberfläche, kann man die Pfosten auch direkt mit dem Untergrund verschrauben.

■ **Betonieren:** Heben Sie als Erstes die Löcher für die Pfosten aus. Ihr Durchmesser sollte rund 20 Zentimeter grösser sein als die Pfostendicke. Damit der Pfosten sicher hält, gräbt man das Loch so tief, dass ein Drittel des Pfostens darin verschwindet. Wer die Löcher nicht mit Spaten und Schaufel graben will, kann sich auch einen Pfostenlochbohrer kaufen. Muskelkraft benötigt man aber trotzdem.

Ins Loch kommt zuerst eine Kiesschicht, damit das Wasser gut versickern kann. Dann stellt man den Pfosten auf die Kiesschicht und richtet ihn mit der Wasserwaage senkrecht aus. Danach nochmal etwas Kies einfüllen.

In dieser Phase ist es sinnvoll, zu zweit zu arbeiten. Eine Person sichert den Pfosten, die andere stützt den Pfosten mit Latten und Pflöcken schräg nach aussen ab. Etwa so, wie wenn man ein Zelt abspannt.

Zum Schluss kann man den Beton einfüllen und feststampfen.

Tipp: Ziehen Sie den Beton am Pfosten entlang etwas höher, so kann später das Regenwasser besser ins Erdreich abfliessen.

■ **Einschlaghülsen:** Statt mit Beton zu hantieren, kann man die Pfosten auch in Einschlaghülsen aus Metall versenken. Das kostet zwar etwas mehr (rund 10 Franken pro Stück), ist aber einfacher. Solche Hülsen bestehen aus einer Spitze und einer Fassung. Einschlaghülsen sitzen fest im Boden, da sie bis zu 80 Zentimeter lang sind.

Mit dem Vorschlaghammer schlägt man die Hülse einige Zentimeter ins Erdreich. Dann kontrolliert man mit der Wasserwaage, ob sie senkrecht steht. Schlagen Sie aber mit dem Hammer nie direkt auf die Metallfassung. Verwenden Sie eine Einschlaghilfe oder ein Stück Pfahl, das sie nicht mehr brauchen.

Schlagen Sie die Hülse so weit ein, bis nur noch die Fassung aus dem Erdreich ragt. Dann stecken Sie den Pfahl in die Fassung und sichern ihn von aussen mit rostfreien Schrauben. Kontrollieren Sie während der Arbeit mehrmals mit der Wasserwaage die senkrechte Position der Hülse.

Tipp: Sägen Sie Holzpfosten am oberen Ende schräg ab oder versehen Sie das Ende mit einer Abdeckung. So kann Wasser abfliessen.

Zaun befestigen

Zaunelemente aus Holz schraubt man mit Zaunhaltern aus Metall am Pfosten fest. Bohren Sie die Löcher am Pfosten vor, damit sich das Holz nicht spaltet.

Maschendrahtzäune befestigt man an Holzpfosten mit Agraffen. Um die obere und untere Kante des Drahtgeflechts satt zu spannen, schraubt man zuerst Spannbolzen in die vorgebohrten Holzpfosten. Daran befestigt man Spanndrähte und bindet die Kanten des Drahtgeflechts daran fest.

Anschliessend kann man durch Drehen an den Spannbolzen die Drähte spannen. Dabei entsteht eine starke Zugkraft, die auf die Pfosten wirkt. Darum gilt bei Maschendrahtzäunen mit Spanndraht: die Pfosten mit Schrägbalken im Boden abstützen.

Bei Metallpfosten aus rundem Rohr oder aus Winkeleisen sind die Drahtspanner in der Regel bereits vormontiert.

Trockenmauer: Stein auf Stein

Trockenmauern können als Stützmauern an Hängen, als Einfassung für Hochbeete oder freistehend zur Abgrenzung des Gartens gebaut werden. Eine Trockenmauer baut man «trocken» – also ohne Mörtel. Man schichtet Bruchsteine so aufeinander, dass eine

MATERIAL UND WERKZEUG

- Natursteine in verschiedenen Grössen
- Bausand oder Kies, eventuell Erde
- Klappmeter
- Gummihammer
- Hammer und Meissel zum Behauen von Steinen
- Handschuhe, Schutzbrille

stabile Mauer entsteht. Das hat den Vorteil, dass man die Nischen bepflanzen kann. Zudem finden in den Mauerritzen Insekten wie Wildbienen und Hummeln Unterschlupf. Auch Eidechsen wählen die warmen, trockenen Nischen zwischen den Steinen gerne als Wohnraum.

Steine aus der Umgebung oder vom Steinbruch

Um eine Trockenmauer zu bauen, benötigt man wenig bis gar kein Werkzeug, dafür etwas Muskelkraft und Zeit.

Trockenmauern kann man aus Feld- oder Bruchsteinen bauen. Sinnvoll ist es, Steine aus der Gegend zu verwenden. Gibt es in Ihrer Nähe einen Steinbruch, können Sie sich auch von dort Steine holen. Steinbrüche findet man unter www.wlw.ch (Suchbegriff «Steinbrüche») oder im Telefonbuch.

Klären Sie in Ihrer Gemeinde ab, ob für die Trockenmauer eine Baubewilligung nötig ist. Höher als ein Meter sollte eine Trockenmauer nicht sein. Andernfalls leidet die Statik und die Mauer kann einstürzen.

So baut man eine Trockenmauer

Eine Trockenmauer verjüngt sich nach oben hin. Beispiel: Die unterste Steinschicht einer 100 Zentimeter hohen Mauer ist ebenfalls 100 Zentimeter breit. Die oberste Schicht misst aber nur noch 50 Zentimeter. Die Seiten der Trockenmauer sind also leicht nach innen geneigt.

Ein Fundament ist bei einer freistehenden Trockenmauer nicht unbedingt nötig, doch es erhöht die Stabilität. Auf lehmigem Untergrund hebt man zuerst ein 20 Zentimeter tiefes Bett aus und füllt rund 10 Zentimeter Sand ein. Achten Sie darauf, dass das Bett 10 Zentimeter breiter ist als der Sockel der Mauer.

Die erste Lage sollte aus möglichst grossen, flachen Steinen bestehen. Drücken Sie die Steine fest in den Sand oder die Erde. Sie können auch mit einem Gummihammer nachhelfen. Dann schichten Sie Lage um Lage Steine auf.

Achten Sie beim Bau darauf, dass Sie in jeder Schicht immer wieder grosse, flache Verbindungssteine einsetzen, die über die gesamte Breite der Mauer reichen. Dazwischen füllt man auf beiden Seiten mit kleineren Steinen auf.

Wenn möglichst bald Pflanzen an der Mauer wachsen sollen, füllen Sie den inneren Bereich mit Sand oder Erde. Sie können auch bereits beim Bau junge Polsterpflanzen in die Nischen setzen.

So fahren Sie Schicht für Schicht fort. Den Abschluss, die Mauerkrone, bilden grosse, flache Abdecksteine.

Wenn Sie es sich zutrauen, können Sie einzelne Steine auch mit Hammer und Meissel bearbeiten. Bei dieser Arbeit sollten Sie eine Schutzbrille tragen.

Wer in einem Hilfseinsatz das Bauen von Trockenmauern lernen möchte, findet Informationen unter www.umwelteinsatz.ch.

Biotop vor dem Haus: Einen Gartenteich anlegen

Ein Teich bringt Leben in den Garten, verleiht ihm zusätzlichen Reiz und wertet ihn ökologisch auf. Einen Gartenteich selbst zu bauen, ist keine Hexerei.

Am Anfang des Wasserbauprojekts steht die sorgfältige Planung. Man muss sich genau überlegen, was man möchte, das Budget bestimmen und wissen, welche Arbeiten man selbst ausführen kann – und möchte.

Trockenmauer: Steine werden ohne Mörtel aufeinandergeschichtet

Auf einige wichtige Punkte sollten Sie besonders achten:

Der richtige Platz

Standort und Form des zukünftigen Teichs samt allfälliger Zuleitungen für die Stromversorgung für Filter und Pumpe legt man mit Hilfe eines genauen Plans des Gartens fest.

Generell gilt: Je grösser der Teich, desto besser die Lebensbedingungen für Pflanzen und Tiere. Allerdings sollte im Garten auch noch Platz für anderes bleiben. Um eine konkretere Vorstellung vom zukünftigen Teich zu bekommen, kann man die Wasserfläche zum Beispiel mit ausgelegten Tüchern simulieren.

Vor allem kleinere Teiche sollten im Sommer nicht zu stark der prallen Sonne ausgesetzt sein. Sonst verwandelt sich das (stehende) Wasser bald einmal in eine warme Brühe, in der Algen rasch die Oberhand gewinnen. Ein Laubbaum oder Busch schafft Schatten, doch müssen im Herbst die Blätter regelmässig aus dem Teich gefischt werden.

Wer kleinere Kinder hat, sollte von Anfang an auch an mögliche Sicherheitsvorkehrungen wie Absperrgitter denken.

Fertig- oder Folienteich?

Wer einen Gartenteich baut, hat grundsätzlich zwei Möglichkeiten. Man kann auf einen vorgeformten Fertigteich aus Kunststoff zurückgreifen oder den Teich selbst gestalten – meist mit Hilfe von Folien.

■ **Fertigteiche** gibt es in vielen Grössen und Formen. Ist das Loch ausgehoben, sind sie schnell montiert und verfügen bereits über die für die Wasserpflanzen notwendigen Pflanzenebenen.

Die kleinsten Exemplare mit einer Oberfläche von 1 Quadratmeter und rund 150 Liter Wasserfassungsvermögen kosten ohne Aushub und Montage weniger als 100 Franken. Für grosse Fertigteiche (10 Quadratmeter Oberfläche, 4000 Liter Inhalt) zahlt man 3000 Franken und mehr.

■ **Folienteich:** Wer die Teichform lieber nach eigenem Geschmack gestalten und Geld sparen will, hat mit Teichfolien fast unbeschränkte Möglichkeiten. Aber Vorsicht: Je komplizierter die Form, desto aufwendiger der Aushub. Anders als beim Fertigteich muss man auch darauf achten, dass für die gewünschten Wasserpflanzen die geeigneten Ebenen vorhanden sind.

Teichfolien gibt es aus Naturkautschuk und aus Kunststoff, ab

---

TIPP

Nachbarn informieren

Wer im Garten einen Teich plant, sollte die Nachbarn rechtzeitig informieren: Nicht jeder findet Gefallen an nächtlichen Froschkonzerten. Im Streitfall müsste ein Gericht entscheiden, ob das Quaken als zumutbar gilt.

Bei grösseren Projekten braucht es allenfalls auch eine Baubewilligung der Gemeinde. Fragen Sie zur Sicherheit nach!

Zwei Varianten: Fertigteich aus Kunststoff (links) – oder Grösse und Form mit Folie selbst gestalten

Rolle oder zu fixen Massen und in unterschiedlichen Stärken. Dabei gilt: Je tiefer der Teich, desto dicker muss die Folie sein.

Die Preise schwanken – je nach Qualität und Stärke – zwischen 6 Franken (dünner PVC) und rund 20 Franken (dicker Naturkautschuk) pro Quadratmeter.

Bei der Berechnung der Folienmasse sollte man grosszügig sein. Überhängende Folie kann man leicht abschneiden oder überdecken. Nachträglich ein Stück ansetzen ist zwar möglich, aber mühsam.

Zum Schutz der Folie braucht es zudem ein spezielles Vlies für 4 bis 6 Franken pro Quadratmeter sowie im Uferbereich eine Böschungsmatte für zirka 18 Franken pro Quadratmeter.

Gibt es in der Umgebung viele Mäuse, sollten Sie ein Drahtgitter mit kleiner Maschenweite (5 x 5 Millimeter; zirka 12 Franken pro Quadratmeter) zwischen Folie und Erde legen.

Zur Befestigung werden auf die Folie grössere Steine gelegt, und als Teichboden wird Kies verwendet. Auf keinen Fall Gartenerde verwenden – sie ist zu nährstoffreich und trägt zur raschen Verschlammung des Teichs bei.

Für einen Teich mit 5 Quadratmeter Wasserfläche betragen die Materialkosten für Folie, Vlies und Kies rund 500 Franken. Dazu kommen nochmals rund 250 bis 300 Franken für die Bepflanzung und – falls nötig – noch einmal der gleiche Betrag für eine Filterpumpe.

Das Loch ausheben

Ob Fertig- oder Folienteich: Eine Grube brauchts immer. Bei kleineren Vorhaben kann man diese mit Hilfe von Spaten, Schaufel und Schubkarre meist problemlos selber ausheben. Bei grösseren und vor allem tieferen Teichen empfiehlt es sich, zunächst ein kleines Loch in der maximalen Tiefe auszuheben. So bekommt man nicht nur einen ersten Eindruck von den bevorstehenden Strapazen, sondern auch Einblick in die tieferen Gartenschichten. Denn unter einer dünnen Humusschicht kann sich

Bauschutt oder eine Lehmschicht verbergen. Beiden ist mit Muskelkraft nur schwer beizukommen.

Wer nicht tagelang beim Ausheben mit der Schaufel schwitzen will, beauftragt für die grösseren Grabarbeiten besser eine Gartenbaufirma. Als Alternative kann man bei einer Baufirma auch einen Mini-Bagger mieten.

Die richtigen Pflanzen

Die Auswahl an Wasserpflanzen ist gross. Sie werden nicht gesät oder gepflanzt, sondern meist in spezielle Gitter oder in Containern in den Teich gestellt.

Damit sich so rasch wie möglich ein ausgewogenes Teichmilieu entwickelt, ist es wichtig, genügend Pflanzen einzusetzen. Für ein intaktes Mini-Ökosystem sind einige Schwimmblattpflanzen unerlässlich – zum Beispiel die japanische Teichrose oder der Wasserknöterich. Wichtig sind auch untergetaucht lebende Pflanzen wie Wasser-Hahnenfuss und Hornblatt. Denn diese Pflanzen filtern das Wasser, versorgen es mit Sauerstoff, entziehen ihm ausreichend Nährstoffe, schützen es vor der Sonne und hemmen so den Algenwuchs.

Bei der Uferbepflanzung treten solche Überlegungen in den Hintergrund. Hier kann man seinen Vorlieben freien Lauf lassen.

Pumpen und Filter

Damit das Wasser im Teich zirkuliert und sauber bleibt, empfiehlt sich der Einsatz elektrischer Pumpen und Filtersysteme.

Im naturnahen Teich geht es auch ohne – vorausgesetzt, Pflanzen und Standort sind ideal und der Teich wird gut gepflegt. Wer aber nichts riskieren oder seinen Teich mit einem kleinen Bach, Wasserfall oder Springbrunnen ergänzen will, kommt um eine Pumpe nicht herum. Auch hier gibt es im Fachhandel verschiedene Produkte. Die günstigsten kosten rund 250 Franken.

Statt mit Strom lassen sich Pumpen auch durch Solarzellen speisen. Allerdings verstummt dann der Wasserfall nachts und bei dicken Wolken.

Amphibien oder Fische

Ein Teich lockt auch mitten in der Stadt Tiere aller Art an. Ob Enten, Libellen oder Amphibien, sie finden meist schnell den Weg ins neu geschaffene Biotop. Amphibien in der freien Natur darf man auf keinen Fall einfangen: Die Tiere sind in der Regel geschützt – und sie fühlen sich auch nicht unbedingt wohl im Gartenteich.

Fische passen auf so kleinem Lebensraum schlecht mit Amphibien zusammen. Abgesehen von wenigen Ausnahmen – wie etwa dem Moderlieschen – machen Fische den Amphibien (Laich und Kaulquappen) über kurz oder lang den Garaus.

Wer statt Frösche lieber Fische hat, sollte den Teich nicht zu klein planen. 1 Quadratmeter ist die Mindestfläche, zudem sollte der Teich mindestens 80 Zentimeter tief sein, damit die Fische im Gartenteich überwintern können.

10 Adressen, Literatur, Stichwörter
Hier gibts zusätzliche Tipps und Infos

Adressen im Internet

Material und Anleitungen
Die Internetseiten grosser Baumärkte bieten viele Informationen und Anleitungen zu konkreten Heimwerkerprojekten. Insbesondere Filmsequenzen und Anleitungen zum Herunterladen und Ausdrucken sind für ungeübte Heimwerker eine nützliche Hilfe.
www.bauhaus.ch (Rubriken «Profi Tipps», «Bauhaus TV»)
www.doit-garden-migros.ch (Rubrik «M-Tips»)
www.coop.ch/bauundhobby (Rubrik «Für meine Pläne»)
www.jumbo.ch (Rubrik «Tipps&Tricks»)
www.obich.ch (Rubrik «Ideenwelt»)
www.hornbach.ch

www.hausinfo.ch
Rund 600 Seiten umfassendes Info-Portal der GVB Services AG, einem Tochterunternehmen der Berner Gebäudeversicherung und des Schweizerischen Hauseigentümerverbandes. Do-it-yourself-Anleitungen findet man unter der Rubrik «Gebäude und Energie».

www.haus-umbau.ch
Die Homepage führt zu den Fachzeitschriften der Vereinigung Schweizerischer Sanitär- und Heizungsfachleute. Über den Link «Haus-Umbau» gelangt man zum Portal der gleichnamigen Zeitschrift. Unter der Rubrik «online lesen» kann man sich PDFs der vergangenen Ausgaben herunterladen.

www.haus-forum.ch
Gemäss dem Betreiber das grösste Forum der Schweiz mit über 20 000 Benutzern. Die Diskussionsbeiträge drehen sich grundsätzlich um die Themen Hausbau/Umbau/Renovierung. Zwar bietet die Seite keine Zusatzinfos, doch bei der Vielzahl an Nutzern ist die Chance gross, in kurzer Zeit eine Antwort zu erhalten.

www.hausbau-forum.ch
Herzstück dieser Internetseite ist ein Forum mit rund 2000 Mitgliedern, die sich über Heimwerker-Fragen austauschen. Mitschreiben kann nur, wer sich anmeldet. Die Seite bietet darüber hinaus Do-it-yourself-Anleitungen und ein Hausbau-Lexikon.

www.eco-bau.ch
Umfassende Informationen zum Thema Innenraumklima mit Merkblättern und Checklisten.

www.renovero.ch
Schweizer Internetmarktplatz für Handwerker. Man kann aber nicht nur Offerten von Handwerkern einholen, sondern auch sein Heimwerker-Grundwissen erweitern. Unter der Rubrik «Fachthemen» findet man zahlreiche Artikel zu Themen wie Wandverputz, Planung oder der Reparatur von undichten Dächern.

www.das-baulexikon.de
Kurze Definitionen und Erklärungen zu Begriffen wie Baugips oder Zwischenanstrich findet man in dieser redaktionell betreuten Da-

tenbank. Gemäss den Betreibern sollen mittlerweile Infos zu 13 000 Begriffen aus der Bau- und Heimwerkerwelt abrufbar sein.

www.heimwerker.de
Umfangreiche kostenlose Informationen mit Material- und Werkzeugkunde, vielen Tipps zum Bauen und Renovieren. Das Informationsangebot ist sehr gross.

www.baumarkt.de
Bauanleitungen, Bastelideen, eine Infothek und Heimwerker-Witze findet man auf dieser umfangreichen Plattform.

www.1-2-do.com
Interaktiver Treffpunkt für Handwerker und ihre Projekte. Übersichtlich gestaltet. Die von Bosch unterstützte Plattform ähnelt Facebook. Man kann ein Profil von sich anlegen und mit Mitgliedern in Kontakt treten.

www.selbst.de
Redaktionell betreutes Portal, das Tipps, Forum und Shop-Möglichkeit kombiniert. Sehr grosses Informationsangebot mit Bauplänen, Anleitungen und Videos.

www.die-heimwerkerseite.de
Privat geführtes Internetportal mit sehr vielen leicht verständlichen Videos und Informationen.

www.hobbyatelier.de
Einfaches Portal, mit vielen Grundinformationen von der Einrichtung einer Heimwerkerwerkstatt bis zur Werkzeugkunde.

IN DIESEM KAPITEL

- 124 Adressen im Internet
- 126 Bücher zum Thema Heimwerken
- 128 Fachverbände und Beratungsstellen
- 130 Stichwörter

---

www.haus.de
Redaktionell betreute Internetseite, die den Schwerpunkt auf das Einrichten und Dekorieren legt. Es gibt aber auch Heimwerker-Tipps. Teilweise stört die eingeblendete Werbung.

www.werkzeug-news.de
Datenbank mit Infos über Werkzeuge verschiedenster Marken. Jedes Werkzeug wird kurz beschrieben und vorgestellt. Die Branchennews sind für Heimwerker eher uninteressant.

www.heimwerkertricks.net
Hier tauschen zwei Heimwerker ihre persönlichen Erfahrungen und Tricks aus. Einfache Seite mit viel gesammeltem Grundwissen.

www.diy-academy.eu
Modern gestaltetes Portal der deutschen Heimwerker-Akademie mit vielen gut bebilderten Bau- und Bastelanleitungen für Haus und Garten.

www.label-online.de
Datenbank des Bundesverbandes kritischer Verbraucherinnen und Verbraucher mit Informationen zu 450 Labels. Darunter auch viele Label, die Baustoffe und Werkzeuge betreffen.

www.dieumweltberatung.at
Informationsportal des Dachverbandes der österreichischen Umweltberatungseinrichtungen. Interessant für Heimwerker, weil man unter der Rubrik «Bauen und Renovieren» viele Tipps für umweltfreundliches Heimwerken findet.

www.planungswelten.de
Sammlung von verschiedenen Planungstools. So kann man sich beispielsweise mit einem Online-Küchenplaner seine Küche zusammenstellen und erhält einen Eindruck, welche Konfiguration am besten in einen quadratischen oder rechteckigen Raum passt.

Bücher und DVDs

Umbauen und Renovieren.
K-Tipp-Ratgeber,
Konsumenteninfo AG, 2009
Fr. 30.–
Dieser K-Tipp-Ratgeber legt den Fokus nicht allein auf das Heimwerken im Innen- und Aussenbereich. Man erfährt auch, wie man eine Altliegenschaft findet, einschätzt, auf Energieeffizienz trimmt und was es bei einem Kauf zu beachten gibt.

Reparaturen zu Hause.
Stiftung Warentest, 2010
ca. Fr. 28.–
Grundwissen und Reparaturanleitungen für alle Bereiche im Haus. Die rechtlichen Bestimmungen betreffen zwar ausschliesslich Deutschland, die Reparaturanleitungen sind jedoch für jedermann nützlich und umfassend.

Die besten Heimwerkertipps.
Compact Verlag, 2012
ca. Fr. 16.–
Nachschlagewerk mit Arbeitstechniken, Materialkunde, Projekttipps für Innen und Aussen, darunter auch anspruchsvolle Heimwerkertätigkeiten, inklusive vieler farbiger Abbildungen.

Machs einfach – Do it yourself für Frauen.
Marie Davideau,
Christian Verlag, 2012
ca. Fr. 33.–
Modern aufgemachtes Handbuch für viele kleinere Arbeiten in den eigenen vier Wänden – nicht nur für Frauen geeignet. Das Buch konzentriert sich auf kurze Arbeitsanleitungen und schliesst jedes Kapitel mit einem Quiz ab, damit das Grundwissen haften bleibt.

Heimwerker-Königin.
Anja Meyer,
Draksal Fachverlag, 2011
ca. Fr. 28.–
Viele leicht verständliche Praxistipps für Arbeiten im Haus oder in der Wohnung. Nebst Anleitungen für einfache Reparaturen gibts auch Basiswissen zum Umgang mit Werkzeugen und Materialien. Gut strukturiert mit vielen Bildern.

Selbst Fliesen und Platten verlegen – Schritt für Schritt richtig gemacht.
Erich H. Heimann,
Compact Verlag, 2009
ca. Fr. 20.–
Tipps und Tricks rund ums Fliesenlegen inklusive detaillierter Mate-

rialkunde. Symbole zeigen jeweils Schwierigkeitsgrad und Kraftaufwand der einzelnen Projekte für Küche und Bad.

Es gibt immer etwas zu tun.
Callwey-Verlag, 2007
ca. Fr. 40.–
Über 600 Seiten starkes Projektbuch von Hornbach, das sämtliche Bereiche vom Gartenbau bis zum Dachfenster-Einbau streift. Die Arbeitsanleitungen sind verständlich und kurz gehalten. Manchmal wünscht man sich etwas ausführlichere Beschreibungen. Viele Anleitungen kann man auch downloaden unter www.hornbach.ch.

Die besten Bäder individuell und massgeschneidert.
Joachim Fischer,
Callwey-Verlag, 2009
Fr. 75.–
Bäder sind heute Wohlfühloasen und nicht nur Nasszellen, das zeigt dieses Buch. Darin findet man vor dem Fliesenlegen und Bauen etliche Ideen fürs Bad mit Fotos und Plänen. Ergänzt werden die Beispiele von Interviews mit zeitgenössischen Designern.

Neue Küchen planen, einrichten, erleben.
Kurt Jenni,
Blottner Verlag, 2006
ca. Fr. 70.–
Küchen sollen lange halten und müssen daher gut geplant werden. Tipps, Ideen und Beispiele für gelungene Küchen findet man in diesem Buch. Planungsfehler sollen damit vermieden werden.

Vom Altbau zum Niedrigenergie- und Passivhaus.
Ingo Gabriel,
Ökobuch Verlag, 2008
ca. Fr. 53.–
Das Buch beschäftigt sich mit der energietechnischen Sanierung von Gebäuden. Wie dämmt man mit welchen Materialien wirkungsvoll? Wie kann man veraltete Haustechnik sinnvoll erneuern? Solche und ähnliche Fragen werden geklärt.

Feuchtigkeit im Haus – Schäden erkennen, vorbeugen, beseitigen.
Uta Maria Schmidt und
Karl Habermann,
Verbraucherzentrale NRW, 2011
ca. Fr. 15.–
Feuchtigkeit kann Dach und Mauern schädigen und die Gesundheit der Bewohner gefährden. Was man dagegen tun kann und welche Kosten damit verbunden sind, zeigt dieses Buch. Sanierungslösungen sind gut gegliedert, aber etwas textlastig aufgeführt.

DVD Einfach renovieren – Tapetenwechsel & Wandgestaltung.
Komplett Media, 2005
ca. Fr. 15.–
Während 65 Minuten zeigt ein Handwerker in verschiedenen Videoclips, wie man Wände saniert. Die DVD enthält sechs Kapitel vom Tapezieren bis zum Verputzen. Die Optik wirkt zwar etwas altbacken, die Arbeitsschritte lassen sich aber sehr gut nachvollziehen und man sieht eins zu eins, wie sich Tipps auswirken.

Adressen von Verbänden und Beratungsstellen

Bauteilnetz Schweiz
Sandrainstrasse 3
3007 Bern
Telefon 031 311 22 88
www.bauteilclick.com
Hier finden Sie gebrauchte Bauteile und erfahren, wann Bauteilbörsen stattfinden.

Bund Schweizer Architekten
Pfluggässlein 3
4001 Basel
Telefon 061 262 10 10
www.architekten-bsa.ch

Hauseigentümerverband Schweiz
Seefeldstrasse 60
8032 Zürich
Telefon 044 254 90 20
www.hev-schweiz.ch

Holzbau Schweiz
Schaffhauserstrasse 315
8050 Zürich
Telefon 044 253 63 93
www.holzbau-schweiz.ch

Interessengemeinschaft der Schweizerischen Parkett-Industrie
Winterhaldenstrasse 14A
3627 Heimberg
Telefon 033 438 06 40
www.parkett-verband.ch
Unter der Rubrik «Merkblätter» gibts Infos zum Verlegen und Pflegen von Parkett.

Küchenverband Schweiz
Talstrasse 39
8001 Zürich
Telefon 044 225 42 25
www.kuechen-verband.ch
Die Homepage enthält auch einen kostenlosen Online-Küchenplaner.

Öko-Baumarkt
Zentweg 17
3006 Bern
Telefon 031 932 17 07
www.oekobaumarkt.ch
Hier finden Sie natürliche Baustoffe und Infos zu Heizsystemen.

Minergie Geschäftsstelle
Steinerstrasse 37
3006 Bern
Telefon 031 350 40 60
www.minergie.ch
Infos zu Minergie-Standards und -Techniken sowie Kontakte zu regionalen Minergie-Fachleuten.

Schweizerische Baumuster-Centrale
Weberstrasse 4
8004 Zürich
Telefon 044 215 67 67
www.baumuster.ch
Auf der Internetseite findet man technische Informationen und Beschreibungen zu verschiedenen Baustoffen und Materialien.

Schweizerischer Baumeisterverband
Weinbergstrasse 49
8042 Zürich
Telefon 044 258 81 11
www.baumeister.ch

Schweizerischer Maler- und Gipserunternehmerverband
Grindelstrasse 2
8304 Wallisellen
Telefon 043 233 49 00
www.smgv.com
Nebst Kontakten findet man auf der Homepage auch Informationen zu Renovations- und Ausbautechniken und zum Thema Schimmelpilz im Haus.

Schweizerischer Fachverband für Sonnenenergie
Neugasse 6
8005 Zürich
Telefon 044 250 88 33
www.swissolar.ch
Informationen über Wärme und Strom von der Sonne.

Verband Naturgarten/Bioterra
Dubsstrasse 33
8003 Zürich
Telefon 044 454 48 48
www.bioterra.ch
Tipps zum Thema Naturgarten.

Stichwortverzeichnis

A
Abbeizen	**40**
Abfluss reinigen	**28 ff.**
Abschleifen	**40**
Akkuschrauber	**14**
Alleskleber	**19**

B
Badewanne einbauen	**81 f.**
Badewanne reparieren	**26 f.**
Badezimmer-Armaturen	**76 f.**
Beisszange	**11**
Beschläge befestigen	**33**
Betonplatten	**115**
Biotop anlegen	**120 ff.**
Boden abschleifen	**42 f.**
Boden verlegen	**56 ff.**
Boden versiegeln	**43 f.**
Bodenbeläge	**52 f.**
Bodenplatten	**74 f.**
Bohreinsätze	**21**
Bohren	**21 ff.**

C
Composite-Kabel	**105**
Computernetzwerk	**107 ff.**

D
Dämmplatten	**50**
Dampfsperre	**51**
Dehnungsfuge	**59**
Dekoputz	**91**
Dichtungsband	**30 f., 68**
Dielenboden	**53**
Dimmer einbauen	**102 f.**
Dispersionsfarbe	**87**
Dispersionskleber	**69**
DLNA-Standard	**109**
Druckluft	**29**
Dübeln	**22 ff.**
Duschwanne einbauen	**81 f.**
Duspol	**13**
DVI-Kabel	**104**

E

Einschlaghülsen	118
Elektrizität	34 f., 102
Elektrowerkzeug	14 ff.
Email reparieren	26
Ethernet-Kabel	107 f.
Exzenterschleifer	15

F

Farben	84 ff.
Feinsteinzeug	67
Fenster abdichten	30 f.
Fensterläden	46 f.
Filzgleiter	32
Firewire	106
Flecken entfernen	64
Flexkleber	69
Fliesenarten	66 ff.
Fliesen ersetzen	74
Fliesen legen	67 ff.
Fliesen verschönern	44
Fliesenkleber	69
Fliesenlack	45 f.
Fugen	46, 72 f.
Fugenzement	72
Furnier reparieren	33

G

Gartenmöbel auffrischen	49 f.
Gartenteich anlegen	120 ff.
Gartenterrasse bauen	110 ff.
Gartenwege anlegen	113 ff.
Geschirrspüler anschliessen	80 f.
Gipskartondübel	23
Grünspan	50
GS-Siegel	9

H

Haftgrund	68
Hahnendichtung	26
Halogen-Spots auswechseln	36
Hammer	9
Handsäge	12

HDMI-Kabel	103
Heimelektronik	**103 ff.**
Heimwerker-Kurse	19
Heizkörper entlüften	30
Holzlack	41
Holzlasur	40
Holzöl	**41 f., 44**
Holztäfer	**48 f.**
Holzwachs	**41, 44**

I

Inbusschlüssel	10
Isolierband	13

K

Kabel	**103 ff.**
Kabelfarben	34
Kalkfarbe	87
Kellerdecke dämmen	**50 f.**
Kiesweg	114
Klebefolie	**44 f.**
Klebstoff	**13, 19**
Klick-Elemente	**52, 56 ff.**
Kombizange	11
Komponenten-Stecker	104
Kontaktkleber	20
Korkboden	55
Kratzer in Holz	**32 f.**
Kunststoff	56

L

Laminat	**53 f.**
Lampen montieren	34
Lasurtechnik	90
Lavabo	**26 f., 77 f.**
Leimfarbe	**86 f.**
Lichtschalter ersetzen	**35 f.**
Linoleum	55

M

Maltechniken	**90 ff.**
Marmorplatten	39
Messing	**50**
Metallbeschläge	39

Mietwohnung	53
Möbel restaurieren	**38 ff.**
Mosaikfliesen	67

N

Nägel	**16**
Nagelhalter	49
Nagelverbindungen	**16 f.**
Nässeschutz	68
Naturstein	**67**
Natursteinkleber	69
Natursteinplatten	**115**
Netzwerk	**107 ff.**
Netzwerk-Speicher (NAS)	**108 f.**
Neutralleiter (Nullleiter)	34
Nikotinsperre	**87**

P

Parkett	**52 f.**
Parkett ausbessern	31
Parkett schonen	**32**
Pflastersteine	114
Pfosten verankern	**118**
Phasenprüfer (Duspol)	13
Plattenweg	**114 ff.**
Polleiter (Phase)	34
Powerline-Adapter	**107 f.**
Profilholzkrallen	**48 f.**

R

Randschleifer	**43**
Raufasertapete	93, 96
Riemenboden	**44, 53**
Rohrzange	12
Rollgabelschlüssel	**11**
Rollmeter	10
Rost entfernen	**49**
Router	

S

S-Video	**104**
Sägen	18
Sanitär-Dichtungen	**13**
Sanitär-Material	78

**10
Adressen
Literatur
Stichwörter**

Saugglocke	13, 28 f.
Scart-Kabel	105
Schablonen	99 f.
Schadstoffe	54, 87, 93 f.
Scharnier ersetzen	39 f.
Schlagbohrmaschine	14
Schleifpapier	40 ff.
Schrauben	17, 23 f.
Schraubenschlüssel	10
Schraubenzieher	10
Schraubzwinge	12
Schubladen, klemmende	39
Schutzleiter (Erdung)	34
Schwammtechnik	91
Seitenschleifer	43
Sekundenkleber	20
Server	108
Sicherheit	21, 24, 35, 102
Sicherungen	34 f.
Silikatfarbe	87
Silikonfugen	27 f., 73
Siphon	29
Sockelleisten	60 f., 65
Spezialkleber	20
Spülbecken einbauen	79 f.
Staubmaske	21
Steckdose befestigen	34 f.
Steingut	66
Steinzeug	66
Stempel	100
Stichsäge	15
Streaming	108
Stromkabel	34 f.
Strukturputz	91
Stuhlbeine befestigen	39

T

Tapeten	92 ff.
Tapezieren	94 ff.
Teichfolie	120
Teppich	54 f., 60 f.
Teppich verlegen	61 ff.
Teppichmesser	10

Tiefengrund	68
Toslink-Kabel	106
Trittplatten	113
Trittschalldämmung	58
Trockenmauer	119 ff.
Türen abdichten	30 f.

U

Übergangsprofile	58
Unfallgefahr	21, 24, 35
Universaldübel	23
Unterlattung	48

V

Verlegemuster	114
Verlegerichtung	58
VGA-Kabel	106
Vliestapete	93, 95

W

Walzenschleifer	42 f.
Wandgestaltung	84 ff.
Wand-Tattoos	98
Wandverkleidung	48 f.
Wannenträger	81 f.
Waschmaschine anschliessen	80 f.
Wasserhahn	76 f.
Wasserpumpenzange	12
Wasserwaage	10
WC-Spülung	27
Weissleim	19
Werkzeugmiete	14
Werkzeugpflege	16
Werkzeugset	8 f., 13
Wickeltechnik	90 f.
Wireless LAN (WLAN)	107 f.
Wischtechnik	90
WPC-Dielen	111

Z

Zaun bauen	117 ff.
Zaunpfosten	118
Zweikomponentenkleber	20

10 Adressen Literatur Stichwörter